समस्या और समीक्षा

समस्या और समीक्षा

श्रीकला यू

वाणी प्रकाशन
प्रकाशन के उत्कृष्टतम 63 वर्ष

vaniprakashan.com

सजिल्द प्रथम संस्करण : 2026

वाणी प्रकाशन

4695, 21-ए, दरियागंज, नयी दिल्ली-110 002

फ़ोन : + 91 11 23273167, 23275710

शाखाएँ

अशोक राजपथ, पटना-800 004, बिहार

कॉफ़ी हाउस कैम्पस, महात्मा गांधी मार्ग, प्रयागराज-211 001, उत्तर प्रदेश

महात्मा गांधी अन्तरराष्ट्रीय हिन्दी विश्वविद्यालय, वर्धा-2 001, महाराष्ट्र

sales@vaniprakashan.in
vaniprakashan@gmail.com

Samasya Aur Samiksha
by Shreekala U
Criticism

ISBN : 978-93-7348-830-1

मूल्य : ₹ 300

जी.एस. ऑफ़सेट, दिल्ली-110 095 में मुद्रित

वाणी प्रकाशन का लोगो मक़बूल फ़िदा हुसैन की कूची से

अनुक्रम

भूमिका

हिन्दी दुनिया में एक बहुत महत्त्वपूर्ण भाषा है, जो लगभग 500 मिलियन से अधिक व्यक्ति बोलते हैं। भारत की राष्ट्रभाषा और राजभाषा के रूप में मान्यता प्राप्त भाषा हिन्दी है। यह भारत में सबसे अधिक बोली जाने वाली आधिकारिक सम्पर्क भाषा है और नेपाल, मॉरिशस, फ़िजी और सुरीनाम जैसे अन्य देशों में भी बोली जाती है। हिन्दी साहित्य 12वीं सदी से शुरू होकर, कविता, नाटक, उपन्यास और निबन्ध जैसी विभिन्न विधाओं में विस्तृत है। यह भारत की सांस्कृतिक धरोहर का एक अहम् हिस्सा है और अपनी विशिष्ट शैली और सामग्री के कारण वैश्विक स्तर पर मान्यता प्राप्त है। हिन्दी भाषा और साहित्य दुनिया में महत्त्वपूर्ण हैं क्योंकि वे भारत के विविध सांस्कृतिक और भाषाई विरासत का महत्त्वपूर्ण हिस्सा हैं। वे करोड़ों लोगों के लिए संचार और अभिव्यक्ति का एक साधन भी प्रदान करते हैं और भारत के इतिहास, परम्पराओं और मूल्यों में मूल्यवान अन्दाज़ प्रदान करते हैं। इसके अलावा, भारतीय संस्कृति में बढ़ती वैश्विक रुचि के साथ, हिन्दी साहित्य वर्तमान समय में विश्व साहित्य के प्रति अपनी अहमियत बनाये रखता है। हिन्दी साहित्य की विशेषता उसकी अनोखी भावनाओं, व्यंग्य, समाज-विज्ञान, वैज्ञानिक, धार्मिक और राजनीतिक पहलुओं में होती है। हिन्दी साहित्य में भारतीय संस्कृति, इतिहास, संस्कार और विचारों का विस्तृत अध्ययन किया जाता है।

हिन्दी साहित्य के अनेक लेखकों ने विश्व साहित्य में अपनी पहचान बनायी है। मुंशी प्रेमचन्द, रामधारी सिंह 'दिनकर', मैथिलीशरण गुप्त, जयशंकर प्रसाद, सुमित्रानन्दन पन्त, हरिवंश राय बच्चन, निराला, धर्मवीर भारती और अमृता प्रीतम जैसे लेखक विश्व साहित्य में महत्त्वपूर्ण स्थान रखते हैं। वर्तमान

समय में, विदेशों में भारतीय संस्कृति का अध्ययन और लोकप्रियता बढ़ रही है। हिन्दी साहित्य के अनेक लेखक, जैसे कि प्रेमचन्द, विश्व साहित्य में एक महत्त्वपूर्ण स्थान रखते हैं। प्रेमचन्द ने हिन्दी और विश्व साहित्य दोनों में अपनी लेखनी से एक अमूल्य योगदान दिया है, जिससे उन्होंने व्यापक लोकप्रियता और सम्मान प्राप्त किया। उनकी रचनाएँ जनसाधारण के जीवन से जुड़ी होती हैं। रामधारी सिंह 'दिनकर' की रचनाएँ भारतीय स्वतन्त्रता संग्राम के समय में लिखी गयी थीं। उनकी कविताएँ और उपन्यास आज भी लोकप्रिय हैं। मैथिलीशरण गुप्त एक विचारक, कवि और लेखक थे।

जयशंकर प्रसाद के लेखन में जीवन और समाज के बारे में जो दृष्टिकोण है, वह वर्तमान समस्याओं से जूझने वाले मानव का पथ प्रदर्शक है। जयशंकर प्रसाद को 'आधुनिक हिन्दी साहित्य का जनक' कहा जाता है। उनके महाकाव्य 'कामायनी' ने विश्व साहित्य में अपनी एक विशेष पहचान बनायी है। इस काव्य में जयशंकर प्रसाद ने अपने समय के सामाजिक परिवेश, जीवन-मूल्यों और सामयिकता का गहन विश्लेषण किया है, जिससे यह रचना एक अमर ग्रन्थ बन गयी है। इसके पात्र मनु, श्रद्धा और इड़ा मानव प्रेम व बुद्धि के प्रतीक हैं। कामायनी में प्रमुखत: प्रत्यभिज्ञा दर्शन है, इसके साथ-साथ समरसता और आनन्दवाद का भी वर्णन है। प्रत्यभिज्ञा दर्शन के साथ-साथ 'कामायनी' में बौद्ध दर्शन के प्रमुख गुण दु:खवाद, क्षणिकवाद और महाकरुणा भी स्पष्ट रूप से दृष्टिगोचर होते हैं। इसकी गरिमा इसके युगबोध, गहन चिन्तन, उच्च उद्देश्य और परिपक्व शिल्प में निहित है, जो इसे एक कालजयी काव्य का स्वरूप प्रदान करती है। उसमें पूर्ववर्ती प्राचीन महाकाव्यों जैसा वर्णनात्मक विस्तार नहीं है, पर सर्वत्र गहन अनुभूति से पाठक सराबोर हो उठता है। प्रसाद के सम्पूर्ण चिन्तन-मनन को समेटने वाली 'कामायनी' के माध्यम से कवि ने मानव को महान् सन्देश दिया है। 'तप नहीं केवल जीवन-सत्य' के रूप में कवि ने मानव जीवन में प्रेम की महत्ता घोषित की है। इस जगत में प्रेम ही एकमात्र श्रेय और प्रेय है। प्रेम मानव और केवल मानव की ही विभूति है। मानवेतर प्राणी, चाहे वे चिरविलासी देव हों, चाहे देह और भौतिकता में डूबे असुर, दैत्य और दानव हों, चाहे किन्नर या गन्धर्व हों, पशु-पक्षी हों, प्रेम की प्रतिष्ठा केवल मानव ने की है। लेकिन प्रसाद ने प्रेम में समरसता और समन्वय का प्रतिपादन किया है। संसार के द्वन्द्वों का उद्गम शाश्वत सत्य है—फूल

के साथ काँटे, भाव के साथ अभाव, सुख के साथ दुख और रात्रि के साथ दिन–यह चक्र निरन्तर चलता रहता है।

हरिवंश राय बच्चन को 'हिन्दी साहित्य के महान लेखकों' में से एक माना जाता है। उनकी रचना 'मधुशाला' ने विश्व साहित्य में विशेष स्थान प्राप्त किया है। बच्चन की मधुशाला स्वयं का समर्पण करके विषम स्थितियों से मानव को निकालने का प्रयास करती है। बच्चन मानते हैं कि उनकी कविता-मदिरा पीने से भविष्य के भय भाग जायेंगे और भूतकाल का दारुण दुःख दूर हो जायेगा। धर्मवीर भारती का उपन्यास 'गुनाहों का देवता' हिन्दी साहित्य की अमूल्य धरोहर है। इसकी बहुचर्चित पंक्तियाँ हैं–"मनुष्य का एक स्वभाव होता है। जब वह दूसरे पर दया करता है तो वह चाहता है कि याचक पूरी तरह विनम्र होकर उसे स्वीकार करे। अगर याचक दान लेने में कहीं भी स्वाभिमान दिखाता है, तो आदमी अपनी दानवृत्ति और दयाभाव भूलकर नृशंसता से उसके स्वाभिमान को कुचलने में व्यस्त हो जाता है।" 'अन्धा युग' नाटक में स्वातन्त्र्योत्तर भारत में आयी मूल्यहीनता के प्रति गहरी चिन्ता प्रकट की गयी है। इस कृति में उन्होंने पूर्व और पश्चिम के मूल्यों, जीवन-शैली और मानसिकता के बीच सन्तुलन की आवश्यकता पर बल दिया है।

बुकर सम्मान से सम्मानित गीतांजलि श्री की रचना 'रेत समाधि' भी काफ़ी चर्चित है। रेत समाधि में डिप्रेशन से जूझ रही एक भारतीय महिला की कहानी है। वो किस तरह से बॉर्डर पार कर पाकिस्तान जाना तय कर लेती है, कैसे वह अपने को इस डिप्रेशन से निकालती है। उपन्यास की मुख्य किरदार 80 साल की एक महिला हैं, जिसके पति की मौत हो चुकी है। इस मौत के बाद वृद्ध कथा नायिका डिप्रेशन की शिकार हो जाती हैं। इसकी फॉर्म की बात कहें तो वह कहानी और पात्र के परे है, घटनाओं और संवाद के परे है। "पात्र यदि हैं, तो केवल अपनी सांकेतिक उपस्थिति में; घटनाएँ सन्दर्भ के रूप में उभरती हैं; संवाद, यदि कोई है, तो एकालाप बनकर आता है और इन सबको मिलाकर एक कैनवस रचा गया है।" निर्मल वर्मा, कृष्णा सोबती, कृष्ण बलदेव वैद, ज्योत्स्ना मिलन और कुर्रतुल ऐन हैदर जैसे अनेक साहित्यकारों की रचनाओं में जो हुनर था, वह जैसे एक समय के बाद तिरोहित हो गया था। लेकिन गीतांजलि श्री की लेखनी में वही आस्वाद, वही ठहराव फिर से दिखायी देता है, न कोई छल है, न दिखावा, न ही सच का पाखण्ड।

हिन्दी की महिला लेखिकाओं ने समाज में महिलाओं की स्थिति और अधिकारों के प्रति जागरूकता फैलाने में महत्त्वपूर्ण भूमिका निभाई है। उन्होंने अपनी रचनाओं के माध्यम से स्त्री विमर्श को एक महत्त्वपूर्ण विषय के रूप में स्थापित किया है। हिन्दी साहित्य में महिला लेखन ने आधुनिकता और समकालीनता के विकास में महत्त्वपूर्ण योगदान दिया है। आधुनिक काल में, समाज में महिलाओं की शिक्षा और सामाजिक स्थिति में सुधार हुआ। इससे महिलाओं को लेखन के क्षेत्र में आगे आने का मौका मिला। स्त्री मुक्ति आन्दोलन ने महिलाओं को अपने अधिकारों के लिए लड़ने के लिए प्रेरित किया। इस आन्दोलन ने महिला लेखन को आगे बढ़ाया। 19वीं शताब्दी के अन्त और 20वीं शताब्दी की शुरुआत में, कई साहित्यिक पत्रिकाओं का प्रकाशन शुरू हुआ। इन पत्रिकाओं ने महिला लेखकों को अपना लेखन प्रकाशित करने का अवसर दिया। इस तरह हिन्दी में महिला लेखन ने हिन्दी साहित्य को समृद्ध और विविध बनाया है।

कृष्णा सोबती ने कहानियों और उपन्यासों में ग्रामीण जीवन और स्त्री संघर्ष की सूक्ष्म भावों से युक्त मार्मिक अभिव्यक्ति की है। उनकी कुछ प्रसिद्ध रचनाओं में "ज़िन्दगीनामा", "मित्रो मरजानी", "यादों के धागे", "बादलों के घेरे" और "सूरजमुखी अँधेरे के" शामिल हैं। कृष्णा सोबती की रचनाओं में सामाजिक परिवर्तन के मुद्दों को भी प्रमुखता से उठाया गया है। उन्होंने अपनी रचनाओं के माध्यम से भारतीय समाज में व्याप्त समस्याओं और चुनौतियों को उजागर किया है। उनकी रचनाओं में अभिव्यक्ति का अनोखा अन्दाज़ है। इनकी रचनाओं की भाषा-शैली प्रवाहयुक्त एवं यथार्थवादी है। थोड़े शब्दों के माध्यम से पूरे विषय को कह देना इनकी रचनाओं की अन्य प्रमुख विशेषता है। उनकी संयमित और साफ-सुथरी रचनात्मकता ने हिन्दी कथा साहित्य जगत में अपना एक नया पाठक वर्ग बनाया है। यही कारण था कि उनकी कई लम्बी कहानियों, उपन्यासों और संस्मरणों ने हिन्दी साहित्य में अपनी दीर्घजीवी उपस्थिति दर्ज करायी है। 'सूरजमुखी अँधेरे के' में अलगाव से जूझती एक ऐसी महिला की कहानी है जिसने अपने जीवन के उत्तरार्ध में वह चुना जिसे उसे बहुत पहले चुन लेना चाहिए। 'ज़िन्दगीनामा' का कथानक बड़ा है, जिसमें पंजाब के समाज का रोज़मर्रापन और उसके बीच अपने लिए

गुंजाइशें निकालते इन्सानों की टूटी-बिखरी गाथाएँ हैं। उनकी महिलाएँ ऐसी थीं जो कस्बों और शहरों में दिख तो रही थीं, लेकिन जिनका नाम लेने से लोग डरते थे। यह मजबूत और प्यार करने वाली महिलाएँ थीं जिनसे आज़ादी के बाद के भारत में एक ख़ास किस्म की नेहरूवियन नैतिकता से घिरे पढ़े-लिखे लोगों को डर लगता था। कृष्णा सोबती का कथा साहित्य उन्हें इस भय से मुक्त कर रहा था।

मन्नू भंडारी ने अपनी कथात्मक रचनाओं में स्त्री मनोविज्ञान, सामाजिक रूढ़ियों और स्त्री-पुरुष सम्बन्धों को गहराई से समझाया है। 'राजकीय करार' और 'आपका बंटी' जैसी रचनाओं से साहित्य जगत में पहचान बनाने वाली मन्नू भंडारी ने यथार्थवादी शैली में मध्यम वर्ग के जीवन और स्त्री संघर्षों को उजागर किया है। उनकी कहानियों में सामाजिक मुद्दों के प्रति बेबाक रवैया और व्यंग्य का सटीक प्रयोग पाया जाता है। गीतांजलि श्री ने अपने उपन्यासों में स्त्री जीवन की जटिलताओं और सामाजिक परिवर्तनों को चित्रित किया है। हाल ही में इंटरनेशनल बुकर पुरस्कार जीतने वाली 'रेत समाधि' की लेखिका, गीतांजलि श्री ने मौजूदा परिस्थितियों पर गहन व संवेदनशील नज़र डाली है। उनके लेखन में स्त्री-पुरुष सम्बन्धों, सामाजिक असमानताओं और संस्कृति के स्तर की अद्भुत पड़ताल होती है। लैंगिकता, यौनिकता और पहचान की तलाश जैसे संवेदनशील विषयों को बारीकी से प्रस्तुत करने के लिए जानी जाने वाली मृणाल पांडे की रचनाओं में बेधड़क खुलापन और संवाद की ताक़त दिखती है। 'एक थप्पड़ सुकून के लिए' और 'नौ घंटे चालीस मिनट' जैसी कृतियों ने उन्हें समकालीन साहित्य में अग्रणी स्थान दिलाया है। अपनी साहसी स्वीकारोक्ति 'मैत्रेयी की अग्निपरीक्षा' से साहित्य जगत में धूम मचाने वाली मैत्रेयी पुष्पा ने स्त्री-प्रेम और कामुकता विषयों पर बेबाकी से लिखा। उनके लेखन में स्त्री इच्छाओं और सामाजिक बन्धनों के बीच के टकराव को बेधड़क उजागर किया गया है। स्त्री जीवन की जटिलताओं और दमित भावनाओं का मार्मिक चित्रण करने में उषा प्रियंवदा माहिर हैं। 'पचपन खम्भे लाल दीवारे' जैसी उनकी रचनाएँ पारम्परिक समाज में स्त्रियों की पीड़ा और संघर्ष का यथार्थ चित्रण करती हैं।

सुषम बेदी हिन्दी की प्रख्यात प्रवासी लेखिका हैं, जिन्होंने मुख्यधारा के कथाकारों के बीच अपनी विशिष्ट जगह बना ली है। इनकी कहानियों में जहाँ

एक ओर पाश्चात्य संस्कृति की झलक मिलती हैं, वहीं दूसरी ओर भारतीय परिवेश तथा संस्कारों का असर भी दिखायी देता है। सुषम बेदी की कहानियों के पात्रों में एक ओर भारतीय और दूसरी ओर अमेरिकी जीवन शैली के बीच एक द्वन्द्व दिखायी देता है। उनके प्रकाशित कहानी संग्रहों में 'चिड़िया और चील', 'सड़क की लय और अन्य कहानियाँ', 'तीसरी आँख', 'यादगारी कहानियाँ' प्रमुख हैं। सुषम बेदी की कहानियों में दो पीढ़ियों की टकराहट और मानवीय सरोकार का साक्षात्कार होता है। पहली पीढ़ी है जो भारतीय मूल्यों के साथ जीना चाहती है, वहीं दूसरी पीढ़ी जो वहीं जन्मी और पली-बड़ी है। दूसरी पीढ़ी की समस्या यह है कि वे भारतीय परिवेश से अनभिज्ञ हैं। इसी कारण दूसरी पीढ़ी समझ ही नहीं पाती कि मूल्यों को कितना ग्रहण करें और कितना छोड़े, यही कशमकश उनकी कहानियों में परिलक्षित होती है। पत्रकार तथा सम्पादक 'डॉ. सुधा ओम ढींगरा' हिन्दी की विख्यात प्रवासी लेखिका हैं, जिनका जन्म जालन्धर (पंजाब), भारत में हुआ था। रंगमंच, आकाशवाणी एवं दूरदर्शन की कलाकार रही डॉ. ढींगरा आजकल मौरिसविल (नार्थ कैरोलाईना), अमेरिका में रहकर हिन्दी के प्रचार-प्रसार हेतु कार्यरत हैं। प्रवासी नारियों के जीवन संघर्ष एवं अस्मिता संकट पर वे लिखती हैं। नक़्क़ाशीदार केबिनेट, दस प्रतिनिधि कहानियाँ, कमरा नम्बर 103, कौन सी ज़मीन अपनी, वसूली, सच कुछ और था, सरकती परछाइयाँ, धूप से रूठी चाँदनी, तलाश पहचान की आदि प्रमुख चर्चित रचनाएँ हैं। जसिंता केरकेट्टा 1983 में राँची, झारखण्ड में जन्मी नयी पीढ़ी की कवयित्री हैं, जिनकी रचनाएँ आदिवासी-संवेदना और सरोकारों के लिए उल्लेखनीय है।

स्वतन्त्रता के बाद हिन्दी भाषा का प्रयोग राजभाषा तथा प्रयोजनमूलक हिन्दी के रूप में निरन्तर विकासमान है। जनसामान्य को उपयोगी सूचनाएँ एवं ख़बरें देने के लिए सदियों से सरकार एवं व्यापारी वर्ग इसी भाषा का प्रयोग करते हैं। आधुनिक जनसंचार के प्रमुख माध्यम आकाशवाणी, दूरदर्शन, फ़िल्में, समाचार-पत्र, पत्रिकाएँ एवं इंटरनेट हैं। संचार के सभी माध्यमों में हिन्दी ने मजबूत पकड़ बना ली है। चाहे वह हिन्दी के समाचार पत्र हों, रेडियो हो, दूरदर्शन हो, हिन्दी सिनेमा हो, विज्ञापन हो या ओटीटी हो–सर्वत्र हिन्दी छायी हुई है। वर्तमान समय में हिन्दी को वैश्विक सन्दर्भ प्रदान करने में उसके बोलने वालों की संख्या, हिन्दी फ़िल्में, पत्र पत्रिकाएँ, विभिन्न हिन्दी चैनल,

विज्ञापन एजेंसियाँ, हिन्दी का विश्वस्तरीय साहित्य तथा साहित्यकार आदि का विशेष योगदान है। इसके अतिरिक्त हिन्दी को विश्वभाषा बनाने में इंटरनेट की भूमिका भी अत्यन्त महत्त्वपूर्ण है। भाषाएँ संस्कृति की वाहक होती हैं और संचार माध्यमों पर प्रसारित कार्यक्रमों से समाज के बदलते सच को हिन्दी के बहाने ही उजागर किया गया।

'समस्या एवं समीक्षा' संग्रह में मैंने सन्त साहित्य से आरम्भ करते हुए आधुनिक साहित्य एवं साहित्यकारों से जुड़े विभिन्न विमर्शों को आलेखों के माध्यम से समाहित किया है। दलित, नारी, आदिवासी, प्रवासी, किसान आदि विभिन्न परिप्रेक्ष्यों के पारस्परिक अन्तर को मैंने अस्मितामूलक विमर्श के रूप में देखा-परखा है। इस संग्रह में समय-समय पर विभिन्न पत्रिकाओं में प्रकाशित आलेखों को एकत्रित किया गया है। इसके प्रकाशन के लिए प्रेरणा देने वाले मेरे परिवारजनों एवं गुरुजनों के प्रति मैं कृतज्ञता व्यक्त करती हूँ और यह संग्रह सादर उनके चरणों में समर्पित करती हूँ।

सर्वोपरि ईश्वर वन्दना के साथ

डॉ. श्रीकला यु

सहायक प्राध्यापिका एवं शोध निर्देशिका

हिन्दी स्नातकोत्तर एवं शोध विभाग

एन एस एस हिन्दू महाविद्यालय

चांगनाचेररी, कोट्टायम, केरल

अध्याय-1

हिन्दी साहित्य में धर्म और संस्कृति : एक मूल्यांकन

भारतीय आर्ष संस्कृति हजारों वर्षों पुरानी है। नृविज्ञान में संस्कृति का अर्थ 'समस्त सीखा हुआ व्यवहार' होता है अर्थात् वे सभी बातें जो हम समाज के सदस्य होने के नाते सीखते हैं। इस अर्थ में संस्कृति शब्द परम्परा का पर्याय बन जाता है। संस्कृति का एक अन्य अर्थ सम्यक कृति और संभूय कृति भी है। मनुष्य व्यक्ति के रूप में सम्यक कृति करता है और संघशः संभूय कृति करता है। इस प्रकार मनुष्य जीवन के दो पहलू होते हैं–एक वैयक्तिक और दूसरा सामाजिक। इन दोनों प्रकार के जीवनों में सम्यक कृति करना आवश्यक है। संस्कृति का सम्बन्ध मुख्यतः मनुष्य की बुद्धि, स्वभाव, मन और प्रवृत्तियों से होता है। युग बदलने पर संसार भर की कई समृद्ध संस्कृतियाँ भी विनष्ट हो चुकी हैं। वक्त गुज़र जाने के बाद भी भारतीय संस्कृति टिकी हुई है। अतः उसका गौरवबोध अधिक युक्तियुक्त एवं संगत मालूम होता है। यह सांस्कृतिक परिवेश, ऐतिहासिक विकासक्रम, सांस्कृतिक जिजीविषा की स्थायी विशेषताओं के साथ-साथ कालप्रवाह में विचलित सांस्कृतिक वैशिष्ट्य, चुनौतियों, आन्तरिक तनाव और अन्तर्विरोध आदि के बारे में सोचने को बाध्य करता है। हालाँकि संस्कृति शब्द में एक जीवन्त और दीर्घ परम्परा का बोध जुड़ा हुआ है। सामान्यतः हम अतीत से प्राप्त संस्कारों के विचार में अधिक उलझ जाते हैं और सांस्कृतिक प्रक्रिया के वर्तमान स्वरूप को और उसके विभिन्न स्तरों पर चल रहे संघर्ष को कुछ नज़रअन्दाज़ करते हैं। वस्तुतः अतीत के सांस्कृतिक स्वरूप का पर्याप्त गहराई से कई बार

विश्लेषण किया गया है। वर्तमान सन्दर्भ में सांस्कृतिक स्वरूप को देखने की आवश्यकता अधिक है। हिन्दी साहित्य के सन्दर्भ में इसकी अहम् भूमिका है।

भारतीय संस्कृति एक समन्वयात्मक संस्कृति है, जिसने विभिन्न संस्कृतियों को आत्मसात करने और अपने स्वभाव के अनुरूप समन्वित करने में अद्भुत प्रतिभा और लचीलेपन का परिचय दिया है। आर्यावर्त में अनेक वैदिक-अवैदिक सभ्यताओं और संस्कृतियों का सम्पर्क, संघर्ष एवं समन्वय हुआ है। लम्बे अर्से तक भारतीय मानस के आचरण, व्यवहार, जीवन के आदर्शों और मूल्यों को इसी से प्रेरणा, दिशा और आकार मिल रहा था। ऐसा सांस्कृतिक-सामाजिक परिवेश था, जो भौतिक सुविधाओं को महत्त्व देते हुए भी आध्यात्मिक संस्कृति के अनुशासन में रहा। भारतीय संस्कृति की जड़ें उन मूल्यों में निहित हैं, जहाँ अधिकार या हक से अधिक कर्तव्य को वरीयता दी जाती है; व्यक्ति की उत्संगशील उन्मुखता परिवार, जाति और समाज की ओर होती है; बड़ों के प्रति आदर भाव, अर्थात् अनुभव और ज्ञान के सम्मुख विनम्रता दिखायी देती है; छोटों और समवयस्कों के प्रति वात्सल्यमय प्रेम-भाव रहता है। परिवार, जाति और समाज के माध्यम से सामूहिक जीवन की अभिव्यक्ति होती है। अर्थ और काम जैसे दो महत्त्वपूर्ण पुरुषार्थों की स्वीकृति और गृहस्थधर्म के रूप में उनकी सन्तुलित परिपूर्ति भी इसी सांस्कृतिक आधार का हिस्सा हैं। पुरुषार्थों का धर्म के द्वारा नियन्त्रण और मोक्ष की ओर उन्मुखता का चरम लक्ष्य इसी आध्यात्मिक वरीयता के तत्त्व हैं। भारतीय संस्कृति का यह समन्वित रूप संस्कृत भाषा के माध्यम से रामायण, महाभारत, गीता, कालिदास, भवभूति, भास के काव्यों और नाटकों के माध्यम से बार-बार व्यक्त हुआ है। गेटे ने 'शाकुंतलम' को पढ़कर उल्लसित मनोभाव में कहा था कि उसमें स्वर्ग और धरा का उदात्त सम्मिलन है—यह समूची भारतीय संस्कृति और साहित्य के सम्बन्ध में कहा जा सकता है। भारतीय संस्कृति का एक समादेशक सामाजिक रूप वहाँ मिलता है जहाँ नाट्य को नाट्यवेद कहकर वह सब के लिए—शूद्रों के लिए भी खुला रखा गया है। असल में ज्ञान के क्षेत्र में कठोर वर्ण व्यवस्था का बन्धन इसलिए आवश्यक हो गया कि वह केवल उच्चारण और स्मरण के आधारों पर ही स्थित थी जिसके लिए कठोर अनुशासन, परम्परा की सशक्त पृष्ठभूमि और निर्मम अभ्यास की आवश्यकता

थी। आगे चलकर जैसा कि हर अच्छे बन्धन का विकासमान रूप खत्म होकर सड़ियन रूप ही बच जाता है, इसी प्रकार इन बन्धनों का भी हुआ।

साहित्य सत्य के साथ शिव और सौन्दर्य का भी समन्वय करता है। हमारे संस्कृत साहित्य में उपर्युक्त सांस्कृतिक स्थिति का परिमार्जन और सौष्ठवयुक्त रूप संस्कृत भाषा और प्राकृत भाषाओं के माध्यम से प्रकट हुआ। यह धरोहर के रूप में हिन्दी साहित्य को भी प्राप्त हुआ। हिन्दी के आदिकाल और मध्यकाल का स्वरूप देखा जाये तो सांस्कृतिक दृष्टि से आमूलचूल परिवर्तन दृष्टिगत नहीं होता। यह आक्रमण इस्लाम धर्म को अपने साथ लेता आया। इससे हमारी संस्कृति में कुछ तबदीलियाँ आवश्यक रूप से हुईं। मध्ययुग में इस्लाम के राजनैतिक आक्रमण के सामने हमारी भौतिक सभ्यता नहीं टिक पायी जिसके लिए प्रदेश की प्राकृतिक स्थितियाँ भी आंशिक रूप में ज़िम्मेदार हैं जो मनुष्य को संघर्षशील कम और शान्तिप्रिय अधिक बना देती हैं। साथ-साथ आध्यात्मिक मूल्यों के प्रति लगाव ने भौतिक शक्ति के प्रति कुछ अनास्था भी उत्पन्न कर दी थी। आपसी फूट और वैयक्तिक संकीर्ण महत्त्वाकांक्षा भी भारतीयों वीरों की हार का कारण बनी। हमारी सामासिक संस्कृति पर इससे कुछ अच्छे और कुछ बरे प्रभाव भी पड़े। ध्यान में रखने की बात है कि हिन्दी का साहित्य भी प्राकृत अपभ्रंश का दामन छोड़कर अपना स्वतन्त्र व्यक्तित्व इसी समय ग्रहण कर रहा था।

इस्लाम के आक्रमण से निश्चित रूप से भारतीय बहुदेववादी आस्था पर आघात हुआ और इस्लाम की 'अल्ला हो अकबर' की एकेश्वरवाद की घोषणा ने हमें सभी देवी-देवताओं को कहीं न कहीं एक भगवान से जोड़ने के लिए बाध्य किया। एकेश्वरवाद, भारतीय आध्यात्मिक चिन्तन प्रणाली में आठवीं शती का आचार्य शंकर का अद्वैतवाद है। सैद्धान्तिक स्रोत दक्षिण में पहले से ही प्रचलित था परन्तु तुलसी जैसे समन्वयवादी महाकवि में यह प्रयत्न अधिक सजग रूप में दिखायी पड़ता है। सभी देवताओं को एक भगवान के रूप में देखने का विशेष प्रयास निर्गुण और सगुण दोनों रूपों में है। तत्कालीन समाज में एक ओर भारतीय संस्कृति के उज्ज्वल पहलुओं को आत्मसात करने का इस्लाम का प्रयास भी चल रहा था। साहित्यिक रूप में एकेश्वरवाद का सशक्त प्रभाव कबीर में देखा जा सकता है। जायसी जैसे सूफी महाकवि

ने भी इस्लाम से भारतीय सांस्कृतिक श्रेय को मिलाने का प्रयास किया। राजनीतिक स्थितियाँ चाहे जैसी रही हों, इन महाकवियों के काव्य में भारतीय सामासिक संस्कृति का उज्ज्वल अंश प्रकट हो रहा था। आध्यात्मिक मूल्यों की भौतिक सुख-सुविधाओं पर वरीयता, मनुष्य और मनुष्य के बीच प्रेम-भाव पर आधारित स्नेह सम्बन्धों की उत्कट आकांक्षा आदि तुलसीदास के काव्य में चरमोत्कर्ष पर है। जायसी ने इसे दार्शनिक आधार दिया है। गृहस्थ जीवन को एक धर्म और कर्तव्य के रूप में ग्रहण करने की कोशिश, राजसत्ता या शक्ति को शील से समन्वित करना आदि सांस्कृतिक मूल्य हिन्दी के भक्तिकालीन साहित्य में प्रकट होते हैं।

एक ओर कबीर के माध्यम से धार्मिक रूढ़ियों पर प्रहार किया जा रहा था और सिख धर्म के माध्यम से वीरधर्म की खोज की जा रही थी, तो दूसरी ओर समाज से कटकर रहने वाले योगियों, नाथपंथियों और सिद्धों की अतिवादी प्रवृत्तियों को सूर की माधुर्यभक्ति कुण्ठित कर रही थी। इसी बीच महाकवि तुलसीदास की प्रज्ञा विराट समन्वय का प्रयास कर रही थी। वस्तुतः, मध्ययुगीन सांस्कृतिक समग्रता 'रामचरितमानस' में ही स्पष्ट रूप से दृष्टिगोचर होती है।

अंग्रेज़ों ने हमें भौतिक धरातल पर परास्त अवश्य किया किन्तु वे हमारे सांस्कृतिक उत्सों को उखाड़ने में सफल नहीं हुए। अंग्रेज़ों का मुकाबला करने की सामर्थ्य भारतीयों को गीता के सन्देशों में प्राप्त हुई थी। आम जनता को 'रामचरितमानस' एवं तदृश सांस्कृतिक-साहित्यिक ग्रन्थों और संस्कारों ने जो प्रेरणा प्रदान की थी, उसे अनदेखा नहीं किया जा सकता है। 'रामचरितमानस' के संस्कारों से संयुक्त उत्तर भारतीय जनता ने तिलक में भगवान को देखा। महात्मा गांधी में राम और कृष्ण के संयुक्त रूप को देखा और इस विराट जनता ने दोनों का अनुगमन किया, यह तथ्य नकारा नहीं किया जा सकता है। निश्चय ही तुलसी, कबीर, सूर, जायसी, नानक के जनमानस पर पड़े व्यापक प्रभाव अधिक शक्तिशाली बने रहे होंगे जिससे तिलक और महात्मा गांधी के पीछे सांस्कृतिक अस्मिता से युक्त जनमानस खड़े रहे थे।

अंग्रेज़ों के सांस्कृतिक सम्पर्क से दो महत्त्वपूर्ण धाराएँ उत्पन्न हुईं। उनमें कुछ ही प्रतिशत शिक्षित लोग थे जो अंग्रेज़ों को ही देवता मानकर अनुकरण

कर रहे थे। दूसरा सांस्कृतिक पुनरुत्थान का प्रवाह था जो राजा राममोहन राय से लेकर महात्मा गांधी तक भारतीय संस्कृति के मूल रूप से जुड़कर विकसित होना चाहता था। लोक मानस को दूसरी धारा ने प्रभावित किया। स्वाधीनता के लिए उत्सर्ग और सेवा की भूमिका निभाने वालों में मध्ययुगीन सांस्कृतिक संस्कारों का स्थान महत्त्वपूर्ण है। जब अंग्रेज़ों का विरोध धर्म और कर्तव्य के रूप में प्रस्तुत किया गया, स्वाधीनता सांस्कृतिक मूल्यों की रक्षा के हेतु आवश्यक मान ली गयी। तभी राजनीतिक दृष्टि से उदासीन जनता भी स्वाधीनता आन्दोलन में बड़े पैमाने पर उतरी और पहली बार भौतिक शक्ति से प्रबलतर अंग्रेज़ी सत्ता सांस्कृतिक विरोध के आगे परास्त हुई। इस हार में भारतीय जनमानस की ऐसी अभिव्यक्ति थी जिसमें स्वार्थ दब गये थे और भौतिक सुख-सुविधाओं की आकांक्षाएँ धूमिल हो गयी थीं और सांस्कृतिक ऊर्जस्विता को चरम महत्त्व प्राप्त हुआ था। इसमें हिन्दी साहित्य के संस्कारों की प्रभूत यात्रा समाहित थी। स्वतन्त्रता के बाद, जब नवगठित राष्ट्र के सर्वांगीण विकास के लिए नयी चुनौतियाँ और समस्याएँ सामने आयीं, तब सांस्कृतिक समन्वय की आवश्यकता और भी अधिक महसूस की गयी। वस्तुतः इस्लामी संस्कृति भारतीय संस्कृति के साथ समन्वित हो सकी, क्योंकि दोनों की मूलभूत धारणाओं में कुछ साम्य विद्यमान था। ईश्वरीय अस्तित्व में आस्था और भौतिकता से परे किसी उच्चतम तत्त्व की स्वीकृति का भाव दोनों परम्पराओं में पाया जाता है। ऐतिहासिक परिस्थितियों ने दोनों को एक-दूसरे के साथ समझौता करने के लिए बाध्य किया। धर्म-प्रचार और राजनीतिक साम्राज्य को यथासम्भव अलग रखने के लिए अंग्रेज़ शासक विवश हुए, किन्तु इसके बावजूद टकराव की स्थितियाँ भी कम नहीं उत्पन्न हुईं। ईसा मसीह के विचारों और आचारों में प्रेमतत्व पर विशेष बल था–पड़ोसियों से प्रेम करने, आपसी व्यवहार में अहिंसक और शान्तिपूर्ण स्नेहपूर्ण सम्बन्धों को अपनाने तथा दुखियों और पीड़ितों की सेवा में धार्मिक भावना की अभिव्यक्ति को खोजने की प्रेरणा दी गयी। इसी कारण सामान्यतः परस्पर सौमनस्य का वातावरण बना रहा। तथापि, ईसाई समाज ने हिन्दी को सर्जनशील साहित्यकार स्वतन्त्रता प्राप्ति तक लगभग नहीं दिये।

पश्चिमी सभ्यता भौतिक रूप से भारतीय सभ्यता से अधिक प्रगतिशील थी और ऐहिकता का महत्त्व, मनुष्य के ऐहिक जीवन को सुखमय बनाने

की उसकी आकांक्षा, वैज्ञानिक दृष्टि से ज्ञान के विविध क्षेत्रों को जीतने की महत्त्वाकांक्षा, समता, बन्धुत्व और स्वातन्त्र्य का इसी जीवन को सामने रखकर विचार करने की दृष्टि आदि सांस्कृतिक तत्त्वों का हमारी सांस्कृतिक विचारधारा पर बहुत अधिक प्रभाव पड़ा। भारत की लुप्तप्राय सांस्कृतिक गरिमा को पुनर्जीवित करने का श्रेय संस्कृत ग्रन्थों के पुनरुत्थान को ही दिया जाता है। अंग्रेज़ों के आगमन से भारतीय मनीषियों ने अपना सांस्कृतिक स्वत्व खोकर पश्चिमी सभ्यता एवं संस्कृति के प्रति समर्पण नहीं किया। राजा राममोहन राय, विवेकानन्द, दयानन्द सरस्वती, रानाडे, तिलक, महात्मा गांधी आदि महान् व्यक्तियों ने अंग्रेज़ों से काफ़ी कुछ लिया, किन्तु अपनी अस्मिता नहीं खोई। जातिवाद, संकीर्ण धर्माभिमान, मनुष्य की सृजनधर्मिता का अवरोध करने वाले भौतिक और धार्मिक बन्धन, मनुष्य की स्वाधीनता को संकुचित करने वाली भौतिक एवं अन्य प्रकार की मान्यताएँ, प्रेम और सहानुभूति का दायरा सीमित करने वाली सामाजिक रूढ़ियाँ–इन सबके प्रति हमें सावधान करने का श्रेय पश्चिमी संस्कृति को दिया जाता है। 'भारतीय' के रूप में बने रहने का जो अस्तित्व-संघर्ष हमने किया वह नवोत्थान की धारा का उज्ज्वल पक्ष है। इसमें राष्ट्रीयता की भावना का काफ़ी योगदान है। हमारे राष्ट्रीय काव्य के अतीत के गौरवमय आख्यान की पड़ताल की जाये तो एक तरह की धर्मातीत मानवीयता का उदार स्रोत वहाँ प्रवाहित मिलेगा। मैथिलीशरण गुप्त की निरन्तर उदारता की ओर उन्मुखता और 'राम' में किसी विशिष्ट धर्म एवं सम्प्रदाय को न देखकर व्यापक मानवीय रूप को देखना सामान्यतः हिन्दी साहित्य की राष्ट्रीयता के विकास का उदाहरण है। आगे चलकर दिनकर जैसे कवियों में राष्ट्रीयता को पूर्णतः धर्मातीत आधार मिला है। छायावादी काव्य में, प्रसाद के नाटकों में हिन्दू धर्म के ऐसे उदात्त रूप के प्रति समरसता है जो धर्मातीत अध्यात्म की छाया में पलती है। निराला के काव्य का चरमोत्कर्ष 'तुलसीदास' और 'राम की शक्तिपूजा' में हुआ है। दोनों के विषय हिन्दू मन को प्रभावित करने वाले हैं। परन्तु किसी भी धर्म के व्यक्ति को अगर वह सहृदय है तो ये कविताएँ सम्मोहित नहीं करती। महादेवी की कविता के आस्वादन के लिए हिन्दू होना आवश्यक नहीं है। कालिदास के बाद पहली बार प्रकृति-संवेदना छायावादी हिन्दी काव्य में वैभवशाली रूप में

अवतरित हुई। उसकी समृद्ध परम्परा में एक सांस्कृतिक समरसता की प्रक्रिया पूर्ण हो चुकी है।

पश्चिमी संस्कृति ने जो बहुत बड़ी चुनौती भारतीय मानव को दी थी वह विज्ञान और तकनीकी विकास की थी। बहरहाल वैज्ञानिक दृष्टि का अभाव भारतीय बुद्धिजीवियों में नहीं था। जिस समाज में नाट्यशास्त्र जैसे विशिष्ट ग्रन्थ का दो हजार वर्ष पूर्व सृजन हुआ, महाभारत के शान्तिपर्व जैसा अध्याय रचा गया, दर्शन की सूक्ष्मतम चर्चाएँ हुईं, पाणिनि जैसे भाषाविद् ने भाषा को सूत्रबद्ध करने की अद्भुत क्षमता दिखायी और योग, आयुर्वेद, ज्योतिष और गणित के क्षेत्रों में विलक्षण प्रगति हुई, उस समाज के बुद्धिजीवियों की बेमिसाल वैज्ञानिक दृष्टि स्वत: ही स्पष्ट रूप से परिलक्षित होती है। परन्तु स्वतन्त्रता के पिछले हजार वर्षों में सारा विकास हमारी प्रत्यक्ष जीवन की ठोस अनुभूति से परे की चीज़ हो गयी थी। दूसरी बात यह भी थी कि यह सारा ज्ञान अधिकांश रूप में मौखिक परम्परा पर निर्भर था। परिणामस्वरूप, यह ज्ञान केवल एक छोटे से वर्ग तक सीमित रहा। जीवन के व्यवहार के साथ नाता टूट जाने के कारण वह मात्र अनुपयोगी संचय की तरह रहा। सारा ज्ञान कुछ लोगों के दिमाग में ही लगभग बन्द रहा। पश्चिम के सम्पर्क से विशेषत: लिखित परम्परा के आगमन से, प्रयोगशाला जैसी संस्था की अनिवार्यता से ज्ञान के फैलने के साधन भी पैदा हुए। ये विचारों के ठोस आधार भी बने। जो ज्ञान भारतीय मनीषियों के अन्त: करण में अन्त: प्रज्ञा के रूप में स्फुरित होता था, वही फिर प्रयोगशालाओं के उपकरणों में पकड़ा जाने लगा जिसे अधिक प्रचार मिलने के कारण नवीन तथ्य समझने लगे।

भारतीय मानव को इन अनुसन्धानों के परिणाम निश्चित ही नये लगने लगे। वह कभी मुग्ध हुआ, सम्मोहित भी हुआ तो कभी चकित भी। विशेषत: विज्ञान की भौतिक सुविधाएँ प्रदान करने की क्षमता से वह कहीं हर्षित हुआ तो कहीं भयभीत भी। भौतिक सुविधाओं के साथ विज्ञान का सिक्का जम गया और उससे उत्पन्न होने वाली सुखवादी जीवनदृष्टि, तर्क की कर्कशता, भावना जगत का उपहास, प्रत्यक्ष के परे किसी महान मूल्य या सत्ता के अस्तित्व के प्रति सन्देह आदि कुछ ऐसी बातें थीं जो संवेदनशील मन को संशयग्रस्त कर रही थीं। विज्ञान और तकनीक के विकास में एक अप्रतिहत

गति थी, मात्र गति जिसमें मानवीय जीवन को सार्थक बनाने वाले मूल्यों, श्रेय और शुभ की अवमानना निहित थी। भारतीय मानस इससे चिन्ताक्रांत अवश्य हुआ और उसकी सशक्त अभिव्यक्ति प्रसाद के महाकाव्य 'कामायनी' में हुई। यद्यपि प्रसाद जी ने अपनी वैयक्तिक आस्था के बल पर विज्ञान और भाव की समन्विति में आनन्द का 'विजन' देखा, फिर भी विचक्षण पाठक को उसमें विश्वसनीयता का सार्वजनीन आधार नहीं प्राप्त हुआ। उधर, मानव जीवन की चिन्ता से व्याकुल महात्मा गांधी ने भी इसके सम्बन्ध में सन्देह की भूमिका ग्रहण की। वैज्ञानिक और तकनीकी विकास के कारण जो समस्याएँ मानव जीवन में उत्पन्न हुई हैं उनमें मानसिक और बौद्धिक स्तर पर गहराई से समझने वाले समर्थ लेखक प्रसाद के बाद यदि कोई हैं, तो वे अज्ञेय ही हैं। चूँकि वैज्ञानिक सभ्यता का सांस्कृतिक धरातल पर किस प्रकार समन्वय करें, यह प्रश्न समूचे विश्व में अनसुलझा है। हमारे आधुनिक हिन्दी कवि मैथिलीशरण गुप्त इसी भूले हुए बोध की याद हमें आजादी की लड़ाई के दौरान दिलाते हैं। आधुनिक समय में नये मानव का स्वप्न रचने वाले कवि जयशंकर प्रसाद का "कामायनी" काव्य यह याद दिलाता है कि दर्शन और साहित्य ही किसी प्राणवान संस्कृति के हाथ होते हैं और यही हाथ विजयनी मानवता के लिए उठाये जा सकते हैं। जयशंकर प्रसाद और सूर्यकान्त त्रिपाठी निराला लगातार एक पराजित होती जाति के कवि भी हैं, तभी तो दोनों अपनी कविता में अपने समय के पुरुषोत्तम नवीन का चरित रचते हैं। जयशंकर प्रसाद ने ही हमें चेताया था कि ज्ञान अलग है, पर क्रिया भिन्न है जबकि अज्ञेय के द्वारा 'कितनी नावों में कितनी बार' में सभी वैज्ञानिक उपलब्धियों को केवल तथ्य के रूप में दर्शाया गया है। दूसरा सप्तक के महत्त्वपूर्ण हस्ताक्षर शमशेर बहादुर सिंह ने भी इसी तथ्य को 'कीड़ों का अन्न' कहकर समकालीन कविता में सांस्कृतिक जागृति का साहित्यिक परिवेश उत्पन्न किया है। उनकी 'अमन का राग', 'लौटे हुए धार' आदि कविताएँ भारतीय सांस्कृतिक ऊर्जा के स्वरूप को बदलते परिवेश में ला खड़ा करती हैं।

स्त्री-पुरुष सम्बन्धों के नये आयाम भी बदलते सांस्कृतिक मूल्य बोध का परिणाम हैं जो आधुनिक कथा-साहित्य एवं काव्य के महत्त्वपूर्ण उपजीव्य हैं। नारी के व्यक्तित्व की प्रतिष्ठा, उसके विकास के सभी रास्तों की जाँच-

पड़ताल, उसकी स्वाधीनता की स्वीकृति तथा व्यक्ति के रूप में उसकी अस्मिता को समकक्ष मानने की तैयारी आधुनिक साहित्य में अब भी विचारार्थ विषय बनी हुई है। प्रेमचन्द से लेकर कृष्णा सोबती तक हिन्दी उपन्यासकारों ने नारी-पुरुष की समानता को विभिन्न स्तरों पर स्वीकारा है। इसके विविध पहलुओं को जैनेन्द्र और अज्ञेय से लेकर निरूपमा सेवती तक के कई लेखकों ने साहित्य में उभारा है। दिनकर ने 'उर्वशी' के माध्यम से घर टूटने की, मनुष्य के अत्यधिक अकेले पड़ने की ट्रेजिडी को संकेतित किया है और गृहस्थ धर्म की प्रतिष्ठा का सुझाव दिया है। कतिपय हिन्दी साहित्यकारों ने इस स्थिति का सामना करने वाले स्त्री-पुरुषों का चित्रण कर ज़िन्दगी के अँधेरे बन्द कमरों में छिपी नरक-यातना का इजहार किया है। निर्मल वर्मा के दुखी पात्रों की वेदना का कारण भी उनका 'घर' से उखड़ना ही है। हमारी संस्कृति में गाँवों को उजाड़कर नगर बसाने और संयुक्त परिवार को तोड़कर अणु परिवार में बदलने की एक भयावह रूढ़ि चली आ रही है। असल में घर से टूटे-उखड़े व्यक्तियों का अकेलापन और अब दर्द चिरंतन दर्द के रूप में चित्रित होने लगा है। यह घर टूटने की स्थिति नगर-जीवन में अधिक तीव्र रूप में दिखती है। उदय प्रकाश की 'नेल कट्टर', मोहन राकेश की 'अपरिचित', कमलेश्वर की 'खोई हुई दिशाएँ' जैसी रचनाएँ इस सांस्कृतिक संवहन की दृष्टि से अहम् हैं। ज्ञानरंजन का 'अमरूद का पेड़' विशेष रूप से हमारी संस्कृति में प्राकृतिक परिवेश की भूमिका को उजागर करती है। समकालीन कविता में भी इसी का कहीं टूटा हुआ तो कहीं स्वच्छ एवं सुगठित रूप भी दृश्यमान है। विशेषकर शमशेर, अज्ञेय, केदारनाथ सिंह, कुँवर नारायण, आदि अनेक कवियों के नाम उल्लेखनीय हैं। प्रवासी लेखकों में सुषमा मुनीन्द्र, सुधा ओम ढींगरा, उषा प्रियंवदा आदि अनेक अप्रतिम साहित्यकार हैं, जिनके द्वारा साहित्य में सांस्कृतिक मूल्यों की प्रतिष्ठा हुई हैं।

भारतीय संस्कृति, परम्परा एवं धर्म की अस्मिता को आधुनिक लेखकों के सृजन कर्म में भी देखा जा सकता है। सन् 1960 के बाद अर्थोपार्जन हेतु विदेश गये भारतीयों के द्वारा गिर्मिटिया देशों के साहित्य में इतिहास के शोषण, जीवन-संघर्ष की मूक अभिव्यक्ति एवं अस्तित्व संकट से जुड़ी संवेदनाएँ उभरकर सामने आयी हैं। अमेरिका, इंग्लैंड और कनाडा जैसे विकसित देशों के प्रवासी

भारतीयों का हिन्दी साहित्य उनके जीवन-अनुभवों, वहाँ की संस्कृति के नये सरोकार तथा बाज़ारवाद की गन्ध से सरोबार है। इन प्रवासी साहित्यकारों ने समय-समय पर अपने साहित्य में सांस्कृतिक संवेदनाओं को बख़ूबी उकेरा है, जिससे यह स्पष्ट होता है कि वे अपनी सांस्कृतिक जड़ों के प्रति गहरी श्रद्धा रखते हैं और उनसे कभी अछूते नहीं रह सकते। आधुनिक काल के कवियों ने सम्पूर्ण जगत और प्रकृति में ईश्वर को देखने का प्रयास किया। इस काल की धार्मिक भावना अलौकिक और चमत्कारिक न होकर पूर्णत: मानवीय है। छायावादी युग से लेकर प्रगतिवाद, प्रयोगवाद और नयी कविता में भारतीय सांस्कृतिक चेतना के विभिन्न तथ्य एवं तत्त्व बिखरे पड़े हैं।

सन्दर्भ

1. भारत कोश वेबसाइट –हिन्दी और सामासिक संस्कृति
2. हिन्दी साहित्य का वैज्ञानिक इतिहास –डॉ. गणपती चन्द्र गुप्त
3. हिन्दी साहित्य का इतिहास –डॉ. नगेन्द्र

अध्याय-2

सन्त साहित्य का समकालीन परिप्रेक्ष्य

सन्त साहित्य हमारे देश की राजनीतिक, धार्मिक, सांस्कृतिक तथा सामाजिक परिस्थितियों के फलस्वरूप विरचित भावनात्मक एवं अनुभूतिपूर्ण जनसाहित्य है। सन्त साहित्य विभिन्न प्रकार के होते हैं, जिसमें कुछ सन्तों ने अपने विचारों का प्रतिपादन जैसा का तैसा किया है। दूसरे, विभिन्न धर्मों व सम्प्रदायों की रूढ़ियों का खण्डन किया। अन्य कवियों ने वाद-विवाद और खण्डन-मण्डन से ऊपर अपनी मौलिक अनुभूतियों का प्रकाशन भाव-पूर्ण शब्दों में किया है। जहाँ परशुराम चतुर्वेदी ने जयदेव से ही सन्त काव्य परम्परा का आरम्भ माना है, वहाँ दूसरी ओर आचार्य रामचन्द्र शुक्ल ने सन्त नामदेव से माना है। शुक्ल जी ने लिखा है, महाराष्ट्र देश के प्रसिद्ध भक्त नामदेव ने हिन्दू-मुसलमान दोनों के लिए सामान्य भक्ति मार्ग का भी आभास दिया। उसके पीछे कबीरदास ने विशेष तत्परता के साथ एक व्यवस्थित रूप में यह मार्ग 'निर्गुणपंथ' के नाम से चलाया। अत: सन्त साहित्य का आरम्भ गीतगोविन्द के रचयिता जयदेव से हुआ होगा, किन्तु प्रारम्भ में उसकी रेखा क्षीण, धूमिल और अव्यवस्थित थी। वस्तुत: सन्तधारा की यह क्षीण और अव्यवस्थित रेखा सन्त नामदेव के द्वारा व्यवस्थित, प्रांजल और प्रशस्त बनायी गयी। नामदेव जी ने 80 वर्ष के दीर्घ जीवन-काल में अनेक लम्बी यात्राएँ करके उत्तर-भारत का भ्रमण किया और अपने सिद्धान्तों का प्रचार किया, जिसके स्मारक अब भी राजस्थान और पंजाब के अनेक स्थानों पर उपलब्ध हैं। कबीर, रैदास, रज्जद, दादू आदि सन्तों ने भी नामदेव का नाम बड़ी श्रद्धा से लेते हुए उनकी गणना उच्च कोटि के सन्तों के रूप में की है। नामदेव की हिन्दी में रचित पदावली बड़ी संख्या में मिलती है। इन सभी तथ्यों से स्पष्ट है कि हिन्दी सन्त-काव्य परम्परा के प्रवर्तन

का श्रेय कबीर की अपेक्षा नामदेव को अधिक है। पन्द्रहवीं शताब्दी में महात्मा कबीर का आविर्भाव हुआ, जिन्होंने अपनी प्रखर प्रतिभा, सुदृढ़ व्यक्तित्व और प्रौढ़ चिन्तन एवं कवि-सुलभ सहृदयता एवं मार्मिक व्यंजना-शैली के बल पर सन्त-मत और सन्त-काव्य का प्रचार शीघ्र ही सारे उत्तरी भारत में कर दिया। माना कि नामदेव जी ने सन्त परम्परा और साहित्य के लिए अथक प्रयास किये, लेकिन उनके व्यक्तित्व में कोमलता अधिक होने के कारण वे अपने विरोधियों से संघर्ष और वाक्-युद्ध में प्रवृत्त नहीं हुए, किन्तु कबीर ने काशी के पण्डितों और दूसरे विद्वानों को शास्त्रार्थ के लिए ललकारा और अपनी युक्तियों से उनका मुँह सदा के लिए बन्द कर दिया। इस तरह सन्त-मत के मार्ग से बीच के कंकड़-पत्थरों, झाड़ियों एवं काँटों को दूर करके उसे साफ-सुथरा व प्रशस्त बनाने का कार्य कबीर के द्वारा हुआ। उनके पश्चात् तो सन्त-मत नये-नये पंथ का रूप धारण करके निर्बाध रूप से आगे बढ़ता रहा। इसलिए इन पंथों में कबीर-पंथ अतिरिक्त उल्लेखनीय हैं।

उन्नीसवीं शती तक आते-आते अनेक सन्तों द्वारा अनेक नये-नये पंथ स्थापित किये गये, किन्तु सिद्धान्त व विचारधारा की दृष्टि से इनमें विशेष मौलिकता नहीं मिलती–मूल स्वरूप इन सबका एक ही है। इतना अवश्य है कि धीरे-धीरे ये पंथ भी अपने मूल उद्देश्य से दूर हटकर रूढ़ियों-विधि-विधानों, पाखण्ड प्रवर्तन एवं माया-ज्ञान की बुराइयों से ग्रस्त हो गये। किन्तु इसमें कोई सन्देह नहीं कि सन्त-काव्य की परम्परा हिन्दी में 14-15वीं शती से प्रारम्भ होकर बीसवीं शती तक अखण्ड रूप से चलती रही। स्पष्ट है कि भारतीय सन्त-परम्परा का इतिहास काफ़ी प्राचीन है। आचार्य रामचन्द्र शुक्ल ने नामदेव एवं कबीर द्वारा प्रवर्तित भक्ति धारा को 'निर्गुण ज्ञानाश्रयी शाखा' की संज्ञा से अभिहित किया है। डॉ. हजारी प्रसाद द्विवेदी ने इसे 'निर्गुण भक्ति साहित्य' तथा डॉ. रामकुमार वर्मा ने इसे 'सन्त काव्य परम्परा' का नाम दिया है। सन्त साहित्य भक्ति-काल की मात्र काव्य-धारा नहीं बल्कि निर्गुणमार्गी सन्त-काव्य भक्तिकालीन हिन्दी साहित्य का आरम्भिक अंश है। सामान्यत: इस परम्परा के प्रवर्तन का श्रेय कबीर को दिया जाता है, किन्तु उनसे पूर्व भी अनेक सन्त हो चुके थे, जिन्होंने हिन्दी में रचना की। लेकिन निर्विवाद रूप में सन्त कवियों में सबसे अधिक प्रभावशाली व्यक्तित्व महात्मा कबीर का ही था। सन्त-परम्परा में महत्त्वपूर्ण कवियों में दादू दयाल, सुन्दरदास, रज्जबदास, यारी

साहब, पलटू साहब, मलूकदास, प्राणनाथ, आदि तथा प्रसिद्ध कवयित्रियों में दयाबाई व सहजोबाई ने उत्कृष्ट कोटि की काव्य रचना की। इनके काव्य में भी ईश्वर की व्यापकता, हिन्दू-मुस्लिम एकता, संसार की अनित्यात्मकता, अलौकिक प्रियतम में प्रेम और विरह का चित्रण हुआ है। इन सभी सन्तों का साहित्य इस परम्परा में अपना अप्रतिम स्थान रखता है। कालान्तर में नानकदेव ने 'नानकपंथ', दादूदयाल ने 'दादूपंथ', हरिदास ने 'निरंजनी सम्प्रदाय' तथा मलूकदास ने 'मलूक पंथ' की स्थापना की। कबीरदास के नाम पर भी 'कबीर पंथ' की स्थापना हुई।

जैसा कि सर्वविदित है कि सन्त काव्य परम्परा के सशक्त देवदारु कबीरदास जी माने जाते हैं और साखी, सबद, रमैनी ही इस परम्परा के सिद्धान्त हैं। कबीरदास जी ने जीवन के प्रत्येक पक्ष पर लिखा और उन्होंने जो लिखा वह सार्वजनिक लिखा। कबीर का साहित्य अनुभवजनित है, इसलिए कालातीत भी। उनके सिद्धान्त हजारों वर्ष पहले जितने प्रासंगिक थे, उतने ही आज भी हैं। सन्त साहित्य के युग की परिस्थितियों पर विचार करें तो उस समय चारों ओर सामाजिक भेदभाव और वैमनस्यता का बोलबाला था। सामाजिक कट्टरता समाज की जड़ों को खोखला कर राष्ट्रीय एकता को हानि पहुँचा रही थी। रूढ़ियाँ और अन्धविश्वास मानवता का हनन कर रहे थे। रूढ़ियाँ और अन्धविश्वास ऐसी मानवीय ग्रन्थियाँ हैं जिनसे मानव-विकास की प्रगति अवरुद्ध हो जाती है और विवेक शून्यता का जन्म होता है। ऐसे समय में कबीरदास जी के साहित्य में समानता का भाव, जातिवाद, साम्प्रदायिकता जैसी अमानवीय समाज व्यवस्था का विरोध, सामाजिक व धार्मिक रूढ़ियों के प्रति विद्रोह व्यक्त हुआ है। निर्विवाद रूप से कहा जा सकता है कि सन्त काव्य के प्रतिनिधि कवि कबीर ने धर्म के नाम पर जनता का शोषण करने वाले सिद्धान्तों का तार्किक रूप से खण्डन करते हुए समाज की आखें खोलने की पुरज़ोर कोशिश की है और यह समझाने का प्रयास किया है कि जातिगत भेदभाव एवं छुआछूत के संकुचित दायरे से बाहर निकल कर ही मानव और समाज का विकास सम्भव है।

भक्ति काल का साहित्य अपने गुणों से परम शिखर पर पहुँच गया था। अज्ञान और भेदभाव को दूर कर ज्ञान रूपी प्रकाश की किरण लाने का कार्य इस काल में भक्ति साहित्य ने किया है। मध्ययुगीन काल के सन्तों ने

लोकभाषा में काव्य रचनाएँ लिखी। इसी कारण जनमानस तक यह साहित्य पहुँचा। लोकमंगल की भावना से ही यह साहित्यरूपी कलश भरा गया था। भक्ति वैयक्तिक न रहकर मुक्ति का साधन बन गयी थी। आदिकालीन साहित्य के विषय में विवादास्पदता एवं अस्पष्टता है और रीतिकाल में लोकमंगल की भावना की ओर अधिक ध्यान नहीं दिया गया था। इस काल में सन्तों ने धर्म, दर्शन, जीव, जगत, ब्रह्म आदि सम्बन्धी अपने विचार प्रस्तुत किये हैं। सन्तों ने भी विभिन्न विषम परिस्थितियों का सामना कर अपना कार्य किया है। धर्म, जाति, आदि के नाम पर समाज में हो रहे आडम्बरों पर अपने विचार व्यक्त किये हैं। भक्ति और धर्म का व्यापक अर्थ तत्कालीन समय के अनुकूल सन्त साहित्य में पाया जाता है, जो सर्वथा व सर्वदा प्रासंगिक ही नहीं बल्कि समकालीन सामाजिक विडम्बनाओं से जूझने में भी सक्षम है। ईश्वर को जाति, धर्म से अलग रखने का कार्य सन्त साहित्य ने किया है जो कि वर्तमान विसंगतियों पर तीखा प्रहार करने वाले हैं। इस बारे में सन्त कबीर जी का मानना है कि परमात्मा के प्रकाश से ही सारी सृष्टि हुई है इसलिए कौन भला? कौन बुरा? सभी मानव एक ही हैं, सभी प्राणियों के निर्माता एक ही ईश्वर हैं–

"अला एकै नूर उपनाया ताकी कैसी निन्दा।
ता थे नूर जग कीया कौन भला कौन मन्दा।।"

शिक्षा को व्यापक धरातल पर प्रतिष्ठित करके भक्ति साहित्य के द्वारा शोषित, पीड़ितों को ऊपर लाने का कार्य किया गया है। साथ ही पढ़ाई और प्रेम की आवश्यकता को भी महत्त्व दिया है। आज सूचना प्रौद्योगिकी के विकास से समस्त क्षेत्र में सुविधाओं का बाहुल्य है। समय की बचत और कठिन कायिक प्रयास से मुक्ति हासिल कर लोग एकदम आलसी, कामचोर और स्वार्थी बन गये हैं। वर्तमान शिक्षा नीति के तहत केवल पुस्तकीय शिक्षा ही नौजवान प्राप्त करते हैं। मूल्य, चिन्ता और जीने की कला से ये अलग रह गये हैं। शारीरिक और मानसिक स्वास्थ्य जीने के लिए परम आवश्यक है। स्थिति आज इतनी गम्भीर है कि उच्च शिक्षा प्राप्त आधुनिक पीढ़ी के नव युवक जीवन मूल्यों के अभाव में तरस रहे हैं। शिक्षा तभी विवेकी सुपुत्रों को जन्म देती है जब उनका मानसिक एवं बौद्धिक विकास समान रूप से हो जाये। असन्तुलित ज्ञान से कोई पण्डित नहीं बनता। सन्त कबीर ने कहा है–

पोथी पढ़ि पढ़ि जग मुआ, पण्डित भया न कोय,
ढाई आखर प्रेम का पढ़े सो पण्डित होय।

कबीर का यह कथन इस भूमण्डलीकृत समाज के लिए सबसे अनमोल एवं सार्थक सिद्ध होता है। औद्योगीकरण, निजीकरण और प्रौद्योगीकरण ने मानव को भौतिक स्तर से अमीर और संवेदनात्मक स्तर से ग़रीब बना डाला है। केवल नि:स्वार्थ दृष्टि और पवित्र प्रेम से ही इस संवेदनशून्यता की खाई को दूर किया जा सकता है।

आज भी समाज जाति व्यवस्था से पूरी तरह दूर नहीं हुआ है। जातिगत भेदभाव से हाशिएकृत समाज के लोग आज भी कठिन समस्याओं का सामना कर रहे हैं। सन्त कबीर मानते हैं कि जब एक ही ईश्वर ने एक ही प्रकार के रक्त से हमें बनाया है तो ये भेदभाव कैसा? कोई पवित्र तो कोई अपवित्र कैसे हुआ।

"लम्बा टीका कांध जनेउ, बकूला लाति पखंडी
बकरी भेडा मछरी खायौ, काहे गाम बराई
रुधिर माँस सब एकै पांडे, थू तेरी बम्हनाई।।"

ईश्वर की प्राप्ति के लिए आज हम कई प्रयत्न करते हैं। जप, तप, होम, हवन आदि करते हैं, परन्तु हमारे व्यवहार में हम किसी भी प्रकार अच्छा आचरण नहीं करते हैं। सन्तों का मानना था कि ईश्वर प्राप्ति के लिए भटकने की कोई आवश्यकता नहीं है। जिस प्रकार कुण्डल में बसी कस्तूरी को ढूँढ़ने के लिए मृग चारों ओर घूमता-फिरता रहता है, उसी प्रकार मनुष्य की अवस्था है। मन्दिर, मज्जिद, गुरुद्वारे, हम भटक रहे हैं। विभिन्न तीर्थस्थलों पर जाकर भगवान को ढूँढ़ने का प्रयास करते हैं। लेकिन सन्तों का मानना था कि आचरण शुद्धता से ही हम ईश्वर को प्राप्त कर सकते हैं। इस बारे में सन्त कवि सुन्दर दास कहते हैं–

"अवधू भेष देषि जिनी भूलै,
जब लग आतम दृष्टि न आयी, तब लग मिटै न सूलै।
मुद्रा पहरी कहावत जोगी, युगति न दीसे हाथा।
वह मागर कहुँ रह्यौ अनत ही, पहुँचे गोरषनाथा।
मूँड मूँडाई तिलक सिर दीयो, माला गरै झुलाई।
जो सुमरनि कीनो सब सन्तनि, सौ तौ षबरी न पाई।"

आज बाज़ारवाद के दौर में हमें चारों और स्वार्थ ही स्वार्थ नज़र आ रहा है। सारे नाते-रिश्तों में सिर्फ़ स्वार्थ ही स्वार्थ नज़र आता है। एक समय ऐसा था, जब हमारे यहाँ मूल्यों को अत्यधिक महत्त्व दिया जाता था। पर आज स्वार्थ की अन्धी दौड़ में हम सिर्फ़ भागे ही जा रहे हैं। इस विषय में सन्त कबीर का कहना है–

"स्वारथ को सब कोउ सगा, जग जगला ही जांणि
बिन स्वारथ आदर करे, सौ हरि की प्रिति पिछांणि।।"

संसार के इस मोह, माया और चकाचौंध से बचने के लिए सन्त कबीर कहते हैं–

ऐसा यह संसार है, जैसा सैंबल फूल।
दिन उस के व्यौहार कों, झूठे रंग न भूल।।

हमारे मित्र-पड़ोसियों से आज हम अच्छा व्यवहार नहीं कर रहे हैं। इस बारे में सन्त कबीर जी की सबक साखी में हम देख सकते हैं। आज भी राज्यों में भेदाभेद, साम्प्रदायिकता, भारत-पाक सम्बन्ध आदि समस्याएँ वैसी की वैसी ही हैं जैसी मध्यकालीन समय में थीं। इसका स्वरूप मात्र थोड़ा बदल गया है। सन्तों का मानना था कि हमें इन सब को छोड़कर मध्यम मार्ग को अपनाना चाहिए। दादू दयाल मानते हैं कि हिन्दू और मुसलमान में किसी भी प्रकार का भेद नहीं है। दोनों में एक ही परमसत्ता का निवास है। इसी सम्बन्ध में सन्त दादू दयाल कहते हैं–

"दादू ना हम हिन्दू हो हि, ना हम मुसलमान।
षट दर्शन मैं हम नहीं, इस राते रहिमान।।
दादू करणी हिन्दू तुरक की, अपनी अपनी ठौर।
दुहु बिचि मारग साध का, यह सन्तों की रह और।।"

उसी प्रकार सन्त रज्जब का भी मानना है कि राम-रहीम में कोई भेद नहीं है। पर आज भी हम मन्दिर और मज्जिद के नाम पर राजनीति करते हैं। दंगे-फसाद करवाते हैं। धर्म को तो दंगों का आधारस्तम्भ माना गया है। जातिगत भेद से भी आज हमारा समाज ऊपर नहीं आया है। सन्तों का मानना था कि कोई भी व्यक्ति किसी जाति विशेष में जन्म लेने से छोटा या बड़ा नहीं हो

जाता है। व्यक्ति अपने कर्मों से पहचाना जाता है। सन्त कबीर तो मानते हैं कि ब्राह्मण वो है जो ब्रह्म के विषय में चिन्तन करता है। जाति जन्मना ना होकर कर्मणा होती है। इसी बारे में सन्त रैदास का मानना है कि–

"ऊँचे कुल के कारणे, ब्राह्मण कोय न होय।
जउ जानहि ब्रह्म आत्मा, रविदास कहि ब्राह्मण सोय।
काम क्रोध मध लोभ तजि जउ करई धरम कर कार,
साई ब्राह्मण जानिहि, कहि रविदास विचार।।"

हमारी अर्थ आधारित भेद पीड़ा को सन्त कबीर जी ने सहा है, जो आज हम हर जगह व्याप्त देखते हैं। आज मनुष्य को उसके गुणों के कारण नहीं बल्कि उसके अर्थ के कारण जाना जाता है। जो धनवान है, उसी को लोग आज चाहते हैं। मनुष्य भौतिक सुखों के पीछे पड़ा है। गुणों की, मूल्यों की कोई क़ीमत नहीं है। जिसके पास ज़्यादा पैसा, वह उतना ही बड़ा, यह नीति आज हो गयी है। पैसा तो आ गया है पर हमने उसके लिए हमारा आरोग्य गँवाया है। पैसे के पीछे पड़कर हमने हमारी नींद, चैन सब गवा दिया है। स्वास्थ्य की ओर हमारा ध्यान ही नहीं रहा है। जिसके पास पैसा नहीं है, उसे समाज निन्दा की दृष्टि से देखता है। गुणवान बच्चा पैसे की कमी होने के कारण डॉक्टरी के लिए प्रवेश नहीं ले पा रहा है। पर जिसके पास गुण नहीं धन है, उनके बच्चे डॉक्टरी के लिए प्रवेश ले रहे हैं। शिक्षा का बाज़ारीकरण हो रहा है और इससे हमारी सामाजिक व्यवस्था की गुणवत्ता प्रतिदिन ढल रही है–

"निर्धन आदर कोई न देई। लाख जतन करै ओहु चित न धरेई।।
जो निर्धन के सरधन जाई। आगे बैठा पीठ फिराई।।
जो सरधन निर्धन कै जाई। दीया आदर लिया बुलाई।।
निरधन सरधन दोनों भाई। प्रभु की कला न मेटी जाई।।
कहि कबीर निर्धन है सोई। जाके हिरदै नाम न होई।।"

भक्तिकालीन साहित्य हमें पुनर्जागरण का सन्देश देता है। निसर्ग सत्ता का अपना अस्तित्व है। गृहस्थ जीवन में रहकर भी हम मुक्ति को पाने का प्रयास कर सकते हैं। मानवीय मूल्यों का विकास होना आवश्यक है। युवा पीढ़ियों को अपने कर्तव्यों की ओर ध्यान देना आवश्यक है। अगर हम धैर्य को न खोकर संयम के साथ रहते हैं तो उससे लोकमंगल का विकास हो सकता है।

इससे हमारी संस्कृति का विकास होगा। भक्ति साहित्य से हमें जो लोकमंगल का तत्त्व मिला है, वह विचारणीय है। भौगोलिक सीमा को लाँघकर मन से मन मिलाना आवश्यक है। भक्तिकालीन साहित्य का यह सामाजिक पक्ष आज भी प्रासंगिक है। समग्रतः सन्त-साहित्य दुरूहता तथा जटिलता का साहित्य नहीं है, वरन् यह मनुष्य की सहजता तथा स्वाभाविक मनःस्थितियों का साहित्य है। इसमें जनसामान्य की आशा-आकांक्षा, सुख-दुख सन्निहित है। जन-जागरण की चेतना लेकर स्फुरित हुआ यह साहित्य आशावादी मूल्यों की स्थापना करता है। सामाजिक जड़ता एवं अराजकता से घिरे वर्तमान जटिल परिवेश में हम सन्त-साहित्य के सामाजिक आदर्शों को आधुनिक संवेदना के अधिक निकट पाते हैं। सन्त-साहित्य में मानव की क्षुद्रताओं, सीमाओं, स्वार्थपरता, असत्यप्रियता, संकीर्णता, अर्थलोलुपता, कामुकता आदि पर प्रहार हुआ है। सन्त कवियों ने जीवनदायिनी शक्तियों की ओर जनसामान्य का ध्यान आकर्षित किया है और समाज को सशक्त, निर्दोष एवं कल्याणकारी मार्ग पर अग्रसर करने की चेष्टा की है।

सन्दर्भ

1. हिन्दी साहित्य का इतिहास –रामचन्द्र शुक्ल
2. हिन्दी के प्राचीन प्रतिनिधि कवि –द्वारिका प्रसाद सक्सेना
3. कविता कोश वेबसाइट
4. विकिपीडिया
5. साहित्य कुंज

अध्याय-3

नारी-लेखन का शिल्प पक्ष : 'कृष्णा सोबती' की रचनाओं के विशेष सन्दर्भ में

ज्ञानपीठ पुरस्कार विजेता कृष्ण सोबती जी के साहित्य सम्बन्धी विश्लेषण अनेक आयामों में हो चुके हैं। हालाँकि इनमें उनकी अभिव्यक्ति के मूल अन्तरंग में निहित नारी-लेखन के अजनबी पक्षों का शिनाख्त विरले ही करते हैं। सोबती जी की भाषा, स्त्रीत्व की भाषा है। साहित्य में निहित स्वभाव और संस्कार ही उसे स्त्री भाषा बनाते हैं। उन्होंने भाषा की मरम्मत शिद्दत के साथ की है। यही ईमानदार सृजन-कर्म होता है। उनके लेखन में अन्तर्निहित त्योहार ही भाषा को इतना स्त्रीत्व प्रदान करते हैं। साहित्य में जो सेक्स का जश्न है, वह असल में भाषा का ही जश्न है। उनकी सम्पूर्ण रचनाओं में श्लेष, विडम्बना और द्वन्द्व स्पष्ट रूप से परिलक्षित होते हैं। कथानक में छिपी पीड़ा को बाहर छलका देने वाली एक सहज, स्त्री-संवेदनशील भाषा-शिल्प उनके समूचे साहित्य में दृष्टिगोचर होती है।

उन्होंने संवादों को उद्देश्य पूर्ति का माध्यम बनाया है। संवादों का निर्माण आधारभूत सिद्धान्तों को ध्यान में रखकर कथानक की माँग पर किया है। जैसे प्रकृति फूलों को जन्म देती है और हम उन्हें नाम देकर समझने की कोशिश करते हैं, ठीक वैसे ही सोबती भी अपनी रचनात्मकता में असंग हो जाती हैं। उन्होंने उपन्यासों में संवादों का प्रयोग गतिशीलता प्रदान करने के लिए किया है। कहीं भी कोई थकावट नहीं है बल्कि कथानक के विकास में सहायक बने हैं। छोटे, सरल व स्वाभाविक होते वाक्यों में भावाभिव्यक्ति का रूप अत्यन्त सरल और व्यंजनापूर्ण हो गया है। संवादों की संरचना कथानक, पात्र, उनके वर्ग और स्तर आदि को ध्यान में रखकर की गयी है। लघु एवं प्रभावी संवादों

में छोटे-छोटे कैप्सूलों की भाँति जो वाक्य हैं वे छोटे आवरण में महत्त्वपूर्ण अर्थ समेटे हुए हैं। 'तीन पहाड़' के केन्द्र में प्रेम है, आकर्षण है, विरह है और अवसाद भी। अक्सर प्रेम एक ही व्यक्ति से होता है लेकिन कई बार प्रेम अपने आप भी फूटता है और उस पर व्यक्ति का कोई वश नहीं रहता है। कुछ ऐसा हो जाता है, जिसके आगे वचन नहीं रहते, आग्रह नहीं रहते–कुछ भी नहीं रहता–'बस एक राग, एक प्यास' शेष रह जाती है।[1] 'तीन पहाड़' में वर्णनात्मक शिल्प में लिखे छोटे-छोटे वाक्यों का प्रयोग हुआ है। संवाद से ज़्यादा भाव चित्र मिलते हैं, छोटे-छोटे सरल वाक्यांश अपने में गम्भीर अर्थ समाए हुए हैं। "वह न चौकी न आँखें ऊपर की। ठिठकी सी दृष्टि जैसे क्षण भर अपने रूठे हाथों को मनाती रही। तब उठी और सिर झुकाये-झुकाये ही बाहर हो गयी"।[2] 'समय सरगम' में ऐसे वाक्यों की भरमार है जो पाठकों की उत्सुकता को चौकन्ना करती है और यह उत्सुकता उपन्यास के अन्त तक बनी रहती है।

'डार से बिछुड़ी' और 'यारों के यार' से अलग और आगे 'सूरजमुखी अँधेरे के' उपन्यास में कृष्णा सोबती ने गहन संवेदना के स्तर पर कलाकार की तीसरी आँख से पर्त-दर-पर्त तन-मन की साँवली प्यास को उकेरा है। इसमें जो छोटे-छोटे पैने संवाद हैं, उनमें कविता की लय में डूबे छितराये शब्द और ज़्यादा कुछ कहने की अपेक्षा संक्षिप्त शब्दों का स्पर्श अनुभव कराते हैं। जैसे–"मुझे हमेशा एक शक था, तुम औरत हो भी कि नहीं"[3] संवाद विधान की इस विशेषता से भावाभिव्यक्ति में प्रबलता आयी है। 'सूरजमुखी अँधेरे के' उपन्यास में 'रतिका' की दैहिक अवस्था के अनुभव के लिए विशेष शब्दों से युक्त भावुक संवाद है–"मोड़ तक पहुँचते-पहुँचते एक बार और बचपन मर गया, रत्ती चुप बनी रही और राह को पाँव से रौंदती रही"।[4] भाषाई दुरूहता से कृष्णा जी सदैव बचने की कोशिश करती रहीं। दिल और दिमाग के द्वन्द्व को उजागर करने वाले 'दिलो दानिश' में तो जगह-जगह सीधी-सरल तुकबन्दी भी प्रभावी तथा रोचक बन पड़ी है–'हराम ज़िन्दगी हुई, हराम है खाना'।[5] 'यारों के यार' की व्यंग्यात्मक भाषा को छोटे-छोटे सहज और सरल वाक्यों में ढालकर बड़ी बातों का मतलब आसानी से समझाया गया है। यह उपन्यास अधिकांशतः संवाद शैली में लिखा गया है, जिसमें तत्सम्बन्धित नाटकीयता का समावेश भी हुआ है।

'सूरजमुखी अँधेरे के' में प्रतीकात्मक संवादों का सुन्दर प्रयोग हुआ है–"सुब्रामनियम ने पानी का गिलास उठाते-उठाते जान लिया कि मेज़ के आर-पार बिछे दो रेगिस्तान उस दुपहरी में तनिक भी सरके नहीं..."।[6] 'दिलो दानिश' में मौन संकेतों का अधिक प्रयोग हुआ है। जैसे वाक्य "जिस सड़क का कोई किनारा नहीं, रत्ती वही है, वह अपनी सड़क का डेड एंड है–आख़िरी छोर है"–में यह स्पष्ट है। नारी होकर अपनी आँखों की भाषा को शब्दों के माध्यम से प्रस्तुत करने का कौशल कृष्णा सोबती ने भली-भाँति प्रदर्शित किया है। उनकी प्रत्येक रचना में आँखों की अव्यक्त भाषा को अभिव्यक्त करने का प्रयास झलकता है। 'तीन पहाड़' में भी यह उदाहरण मिलता है–'तपन की आँखों में इस मौन उलझन को जैसे वह पहली बार पढ़ सकी हो। जब जया कुछ कहने जाती थी, तो तपन ने हाथ से उनकी आँखें ढाँप दीं और देर तक उनके माथे पर सिर झुकाए बैठा रहा।'[7]

लेखिका की पूर्वदीप्ति शैली में अवधारणाओं का विशेष प्रकार का प्रभाव और रोचकता दृष्टिगत होती है, जिसे निश्चय ही नारीत्व की पारदर्शिता समझा जाना चाहिए। यादों के सहारे, प्रभावशाली भाषा में अतीत की घटनाओं का प्रवाहपूर्ण वर्णन होता है। 'डार से बिछुड़ी' में पूर्वदीप्ति शैली के माध्यम से पाशो के अतीत का चित्रण हुआ है। 'सूरजमुखी अँधेरे के' की कहानी रतिका की उत्तर-युवावस्था से आरम्भ होती है, जिसमें उसका समस्यात्मक व्यक्तित्व उभरकर सामने आता है। बीच-बीच में पूर्वदीप्ति शैली के माध्यम से रतिका के व्यवहार के कारणों का मनोवैज्ञानिक विश्लेषण किया गया है। 'समय सरगम' में आरण्या वृद्धावस्था में अपने बचपन और युवावस्था को पूर्वदीप्ति शैली के माध्यम से पुनः जीती है। यादों में बहती आरण्या, पुरानी दिल्ली की सूरत और सीरत में खो जाती है। 'दिलो दानिश' का कथानक सर्दी के आगमन वाले प्रसंग से आरम्भ होता है। बाद में कृपानारायण आपसी भेदभाव को देखकर अतीत में लौटते हैं और वहाँ बच्चों के भेदभाव का विश्लेषण करते हुए कहानी स्पष्ट होती है।

'समय सरगम' में आरण्या, ईशान के पुत्र लवी से पत्रों के माध्यम से ही परिचित होती है। लवी के बारे में सभी बातें पत्रात्मक शैली में सामने आती हैं। जब ईशान और आरण्या दिल्ली से बाहर जाते हैं, तो उनके बीच संवाद भी पत्रों के माध्यम से ही बना रहता है। फ्लैट बिक जाने के बाद, जब आरण्या

अतिथि के रूप में ईशान के घर ठहरती है, तब भी ईशान एक पत्र के माध्यम से ही अपने विचार आरण्या तक पहुँचाता है। जो बातें वह जुबान से नहीं कह पाता, उन्हें पत्र के माध्यम से व्यक्त करता है। यहाँ पत्रात्मक शैली का प्रयोग पूरी ईमानदारी साथ किया गया है।

सोबती ने चित्रात्मक शैली के माध्यम से पात्रों के जीवन, उनके दुख-दर्द, समाज की विभिन्न परिस्थितियों का चित्रण एक फोटोग्राफर की तरह किया है। उन्होंने गाँव, मेले, संस्कृति, रीति-रिवाज़ और प्रकृति के सौन्दर्य का सजीव चित्रण किया है। कृष्णा जी ने पाशो, मित्रो, कुटुम्ब, महक, आरण्या आदि पात्रों की मनोदशा का सूक्ष्म चित्रण आत्मकथात्मक शैली में किया है, जिसमें उत्तम पुरुष का प्रयोग होता है। 'डार से बिछुड़ी' में पाशो का वर्णन इस प्रकार है–"घड़ी भर पहले चाहती थी कि कहूँ सब मर खप जायें, न कोई जिये न जागे। मैं मरूँ तो सबको ले मरूँ। इस अभागी के ही जीने के लेख बिसर जायें, तो कोई और क्यों जिये? क्यों जागे?"[8] वर्णनात्मक, भावात्मक और विवरणात्मक शैली का प्रयोग भी सोबती के लेखन में स्पष्ट रूप से दृष्टिगोचर होता है। वे हम हशमत में बताती हैं–"भाषा की सादगी भाषा की जान है, यही उसकी मिठास है और यही उसका असर।"[9] 'सूरजमुखी अँधेरे के' के लम्बे संभोग-वर्णन में उन्होंने जो शब्द-चयन किया है, वह प्रतीकात्मक, अनुपम और कलात्मकता से भरपूर है। शब्दों का नूतन प्रयोग अभिव्यंजना के सौष्ठव को प्रदीप्त करता है। 'तीन पहाड़' में 'हँसी' में निहित सकारात्मक ऊर्जा को ही आशीर्वाद का प्रतीक माना गया है। 'गाड़ी का रुक जाना' जीवन-क्रम के शून्य में पहुँच जाने का संकेत है। 'गाड़ी' जीवन की प्रगति की प्रतीकात्मक अभिव्यक्ति बनती है। गाड़ी के साथ-साथ भागता अँधेरा जीवन की कालिमा और निराशा को अभिव्यक्त करता है।

'ज़िन्दगीनामा', 'डार से बिछुड़ी', 'मित्रो मरजानी' आदि में लोक-संस्कार से युक्त शब्दों का प्रयोग हुआ है। संभाखन–संभाषण, जस्स–यश, निम्मल–निर्मल, तीखन–तीक्ष्ण, चेरूली–दासी, खत्र धरम–क्षात्रधर्म, गह पति–गृहपति जैसे असंख्य शब्दों की लोक संरचना को उन्होंने बरकरार रखा है। ठेठ देहाती अन्दाज़ में प्रयुक्त ये शब्द 'ज़िन्दगीनामा' को एक श्रेष्ठ आंचलिक उपन्यास का स्वरूप प्रदान करते हैं। कृष्णा जी के शब्दों में एक भव्य लाक्षणिकता है,

जिससे अर्थ अनायास ही अनेक परतों में अनावृत होते रहते हैं। 'तीन पहाड़' और 'सूरजमुखी अँधेरे के' की भाषा उनके सुव्यवस्थित शब्द-चयन के कारण अविरल धारा की तरह प्रवाहित होती है। लेखिका ने कहीं भी अपनी विद्वत्ता दिखाने के लिए भाषा को जटिल या अभिव्यक्ति को दुरूह नहीं बनाया है। उनकी भाषा में सर्वत्र साहित्यिक और काव्यात्मक सौन्दर्य विद्यमान है। उन्होंने अपने शब्द भण्डार में संस्कृत, उर्दू, देशज, पंजाबी और अंग्रेज़ी शब्दों को सुन्दर ढंग से समाहित किया है। ग्रामीण शब्दावली का प्रयोग भी प्रभावी ढंग से हुआ है, जिससे कथानक में सहजता और स्वाभाविकता की वृद्धि हुई है। लोकोक्तियों और मुहावरों के प्रयोग से भाषा में प्रवाह और सजीवता आयी है, विशेषतः ग्रामीण भाषा की अभिव्यंजना-शक्ति को और अधिक प्रखर बना दिया है।

'डार से बिछुड़ी' की भाषा के ताजेपन ने हिन्दी पाठक वर्ग को चौंका दिया था। 'यारों के यार' में मुहावरों के साथ विश्लेषण का प्रयोग भी हुआ है। इसमें कथ्यानुसार अनेक नवीन सूत्रों से परिचय होता है–'फैल के पेट में फरियाद का कोई घर नहीं' जैसे असंख्य प्रयोग मिलते हैं। इस उपन्यास का प्रत्येक पृष्ठ मुहावरों से सजा हुआ है। कृष्णा जी स्वयं कहती हैं–"'यारों के यार' लिखने के लिए अपने पाठकों के निकट मुझे निसंकोच यह स्वीकारना है कि 'यारों के यार' को जिस भाषा और मुहावरे में प्रस्तुत किया गया है, वह कहानी का ही तकाजा था।" कनकत्वी आँख, खुर्दबीनी निगाह, लपलपाती आँखों से लाल-झंडी दिखाना जैसे नवीन प्रयोग और क्लर्क के लिए पौंदने, काग़ज़ के कीड़े, बेबसी के टेंडर, काली मुस्कान आदि विशेषणों के नये रूप में प्रस्तुत प्रयोगों में सोबती जी की भाषाई नैसर्गिकता स्पष्ट झलकती है। दफ्तरी परिवेश के भ्रष्टाचार और वास्तविकता को उजागर करने के लिए गालियों का ख़ूब प्रयोग हुआ है। इस पर अश्लीलता के आक्षेप लगाये गये हैं, लेकिन यह कथानक की माँग है। कृष्णा जी के कथा-साहित्य में गालियों के शाब्दिक अर्थ बहुत पैने होते हैं। खुरदरी भाषा के प्रयोग में 'यारों के यार' सबसे आगे आता है। यह उपन्यास दफ्तरी माहौल के भ्रष्टाचार को गालीयुक्त सम्बोधनों के माध्यम से व्यक्त करता है और यथार्थ की कड़वी सच्चाई को खुरदरे अन्दाज़ में बयान करता है। भ्रष्टाचार का पर्दाफाश करने के लिए खुरदरी भाषा को ही उन्होंने उचित माध्यम बनाया है।

रूमानी भाषा का प्रयोग 'दिलो दानिश' और 'तीन पहाड़' में रोमानी किरदारों को ज़िन्दा करने के लिए किया गया है। 'सूरजमुखी अँधेरे के' में भी रत्ती और दिवाकर के अंतरंग क्षणों में रूमानी संवाद देखे जा सकते हैं–"दिवाकर पास आये, हाथों से ऐसे छुआ कि ज़िन्दा करना हो। ओटों को चूम, लम्बे क्षण तक आँखों के पार देखते रहे। पुतलियों में अँधेरा था और कोई भी नहीं थी।"[10] 'तीन पहाड़' और 'सूरजमुखी अँधेरे के' रोमानियत से भरे उपन्यास हैं। 'तीन पहाड़' में दो त्रिकोण हैं–पहला जया, एडना और श्री; दूसरा पुतुल, जया और तपन। जया में रूमानी भावुकता है। उसे ऐसे शुद्ध पुरुष के प्रेम की तलाश है जो औरत को उसके सम्पूर्ण अस्तित्व का बोध कराये। जब श्री एडना से विवाह कर लेता है, तो जया को तपन मिलता है। तपन से सहानुभूति पाकर जया भी उसकी ओर आकर्षित होती है। जया के रूप में कृष्णा सोबती ने एक नारी की अलग ही रोमानी छवि पेश की है, जो पाशो, मित्रो और रत्ती से भिन्न है। 'ज़िन्दगीनामा' के पंजाबी परिवेश में मस्ती से भरे लोग जब एक जगह जुड़ते हैं, तो अपनी मीठी भाषा में दिल के राग खुलकर प्रकट करते हैं।

सोबती जी के कथा साहित्य में प्रतीकों और संकेतों का प्रयोग नारीवादी दृष्टि के अनुरूप गढ़ा गया है। शीर्षक से लेकर अन्त तक अनेक स्थानों पर संकेतों का प्रयोग करके उन्होंने उपन्यासों की भाषा और सौन्दर्य को बढ़ाया है तथा कथ्य को अधिक अर्थपूर्ण बनाया है। 'समय सरगम' में वृद्धावस्था के अकेलेपन को संकेतों के माध्यम से अभिव्यक्त किया गया है। 'दिलो दानिश' में सामाजिक दायरे को दृढ़ करते हुए मन की आवाज़ का चित्रण कई स्थानों पर व्यंग्यात्मक या सांकेतिक रूप में हुआ है। दैहिक सम्बन्धों की उलझन, उनकी सीमाएँ और सोच को प्रस्तुत करने के लिए सोबती ने एक नयी भाषा-शिल्प की खोज की है। 'यारों के यार' में दफ्तरी ज़िन्दगी की रोज़मर्रा की उठा-पटक और उसके आन्तरिक जीवन का सशक्त चित्रण यथार्थवादी भाषा में किया गया है।

निष्कर्षत: कहा जा सकता है कि कृष्णा सोबती ऐसी अकेली लेखिका हैं जिन्होंने भाषा की समस्त सुषमा को आजमाकर उसकी नैसर्गिकता को पकड़कर अपनी सभी रचनाओं में उंडेल दिया है। संवादों की अनोखी ताजगी

से उन्होंने अमूर्त, ज़िन्दादिल और कालातीत पात्रों को हिन्दी साहित्य के मैदान में स्थापित कर उसे गरिमामय रूप प्रदान किया है। स्त्रीत्व के अनेक अनछुए पहलुओं का रस चखने के लिए भाषा और संस्कार की कई परतें अब भी खुलने के लिए बाकी हैं। यह सहस्रदली कमल पुष्प की तरह अत्यन्त विशाल हैं, जिसकी खुशबू नारीत्व ही है।

सन्दर्भ

1. तीन पहाड़
2. वही
3. सूरजमुखी अँधेरे के
4. वही
5. दिलो दानिश
6. सूरजमुखी अँधेरे के
7. तीन पहाड़
8. डार से बिछुड़ी हुई
9. हम हशमत
10. सूरजमुखी अँधेरे के

अध्याय-4

'जंगल का दाह' कहानी में प्रस्तुत आदिवासी विमर्श

आदिवासी विमर्श बीसवीं सदी के अन्तिम दशकों में शुरू हुआ एक अस्मितामूलक विमर्श है। इसका केन्द्र आदिवासियों के जल, जंगल, जमीन और जीवन की चिन्ताएँ हैं। माना जाता है कि 1991 के बाद भारत में शुरू हुए उदारीकरण और मुक्त व्यापार की व्यवस्थाओं ने आदिम काल से संचित आदिवासियों की सम्पदा की लूट का रास्ता खोल दिया। विशाल और अत्यन्त शक्तिशाली बहुराष्ट्रीय एवं देशी कम्पनियों ने आदिवासी समाज को उनके जल, जंगल और जमीनों से बेदखल कर दिया। इससे आदिवासी इलाकों में बड़े पैमाने पर विस्थापन हुआ। बड़ी संख्या में झारखण्ड, छत्तीसगढ़, दार्जिलिंग आदि इलाकों से लोग बड़े महानगरों जैसे दिल्ली, कोलकाता आदि में आने को विवश हुए। इन आदिवासी लोगों के पास न धन था, न आधुनिक शिक्षा। शहरों में वे दिहाड़ी मजदूर या घरेलू नौकर बनने को बाध्य हुए। विशालकाय महानगरों ने उनकी संस्कृति, लोकगीतों और साहित्य को भी निगल लिया। नयी पीढ़ी के कुछ आदिवासियों ने शिक्षा हासिल कर अवसरों का लाभ उठाकर सामर्थ्य अर्जित किया। उन्होंने सचेत रूप से अपने समाज के सामाजिक और सांस्कृतिक हितों की रक्षा के लिए आवाज उठाना शुरू किया और संगठन बनाये। आदिवासियों ने अपने लिए इतिहास की नये सिरे से तलाश की, अपने नेताओं की पहचान की और नेतृत्व का निर्माण किया। साथ ही समर्थ आदिवासी साहित्य को जन्म दिया। प्रतिरोध अस्मितामूलक साहित्य की मुख्य विशेषता है। आदिवासी विमर्श भी आदिवासी अस्मिता

की पहचान, उसके अस्तित्व सम्बन्धी संकटों और उसके ख़िलाफ़ जारी प्रतिरोध का साहित्य है। यह देश के मूल निवासियों के वंशजों के प्रति भेदभाव का विरोध करता है और जल, जंगल, जमीन और जीवन की रक्षा के लिए आदिवासियों के 'आत्मनिर्णय' के अधिकार की माँग करता है।

'जंगल का दाह' कहानी आदिवासी संस्कृति पर संकट की कहानी है। यह एक आदिवासी गुरु 'मामा सोन' की कहानी है जो जंगली जनजातियों को धनुर्विद्या की शिक्षा देते हैं। परन्तु जब राजकुमार धनुष चलाना सीखना चाहता है, तो मामा सोन का नाम बदलकर 'आचार्य शोण' कर दिया जाता है। इसके साथ उनकी पारम्परिक वेश-भूषा तक बदल दी जाती है। आचार्य के चारों ओर सशस्त्र सैनिकों का पहरा रहता है। आचार्य को स्पष्ट राज्य निर्देश मिलता है कि अब से वे केवल राज परिवार के बच्चों को ही शिक्षा देंगे। इस प्रकार व्यवस्था ने शिक्षा को एक सीमित वर्ग तक सीमित रखने की चाल चली, जो आज के समाज में भी आसानी से देखी जा सकती है।

राजकुमार के आने के साथ ही राजाज्ञा आयी कि अब से शिकार पर प्रतिबन्ध लगाया गया है। शासक वर्ग सामान्य लोगों पर अधिकार जमाने के लिए कई कुटिल तरीके अपनाता है, जिनसे आदिवासी अनभिज्ञ रहते हैं। उनकी सोच अलग है कि सारे पशु-पक्षी वनवासी ही न मार लें, कुछ राजकुमारों के लिए भी बचे रहें। कहा तो यह जाता है कि वन्य जीवों का संरक्षण ज़रूरी है, पर वस्तुतः यह आज के 'वन्य जीव संरक्षण अधिनियम' की झलक है, जिसमें पूँजीपति और सत्ता के गठजोड़ के लोग चाहे जितना विनाश करें, पर एक आम शिकारी, जिसकी जीविका शिकार पर आश्रित है, अगर शिकार करे, तो वह अपराध माना जाता है। राजकुमार मामा सोन से कहता है–"केवल कभी-कभी जब सुखों से ऊब जाऊँगा, अपने साथियों के साथ यहाँ आ जाया करूँगा आखेट क्रीड़ा के लिए।" मामा सोन को आश्चर्य होता है। वह पूछते हैं–"आखेट को तुम्हारी भाषा में क्रीड़ा कहते हैं? हमारी तो यह आजीविका है। हम तो अपने अस्तित्व की रक्षा के लिए आखेट करते हैं। वह भी रोज नहीं करते, इसलिए ध्यान रखते हैं कि किसको मारना है और किसको नहीं। हमारे आखेट से पशुओं की संख्या कम नहीं होती।"[1] स्पष्ट

है कि आदिवासी अपने जीविका-निर्वाह के लिए शिकार करते हैं और वन व वन्य जीवों के साथ उनका भावनात्मक रिश्ता होता है। वे सन्तुलन और असन्तुलन का ध्यान रखते हैं। मामा सोन एक बार कहते हैं–हमें कठफोड़वा पक्षी को मारना है क्योंकि वह बाकी पक्षियों के अंडे फोड़ देता है। लेकिन व्यवस्था को उनके जीवन और जीविका से कोई सरोकार नहीं। राजकुमार जवाब देता है–"आजीविका थी, अब नहीं रहेगी। आखेट पर प्रतिबन्ध लगाया जा चुका है। अब तो मैं ही मारूँगा, जितने भी मारूँगा। और जब मुझे ही मारना है तो कितने भी मारूँ, क्या फर्क पड़ता है।"[2] इस प्रकार, सारे संसाधनों पर अपने अधिकार का दावा करना आज की सत्ता और व्यवस्था की नीति बन चुकी है। यही वर्तमान समाज की विडम्बना है, जो हर चीज़ को अपने तक सीमित रखना चाहता है। इस प्रवृत्ति पर लेखक ने राजकुमार के माध्यम से तीखी आलोचनात्मक दृष्टि प्रस्तुत की है।

जब राजकुमार धनुर्विद्या के अभ्यास में चिड़ियों पर निशाना लगाता है, तो उसे आपत्ति होती है कि चिड़िया हिलती-डुलती क्यों है? इस पर मामा सोन बड़ी बेधक बात कहते हैं–"क्या तुम यह सोचते हो कि चिड़िया को उड़ना नहीं चाहिए? क्या तुम यह चाहते हो कि तुम्हारा शिकार परम आज्ञाकारिता पूर्वक तुम्हारे सामने मरने के लिए स्थिर बैठा रहे?"[3] यह प्रश्न सत्ता की उस मानसिकता पर चोट करता है जो आदिवासी संसाधनों–जल, जंगल और जमीन पर कब्ज़ा करते समय प्रतिरोध को स्वीकार नहीं कर पाती। जब पूँजीपति वर्ग इन संसाधनों पर अधिकार जताता है और आदिवासी प्रतिरोध करते हैं, तो यही प्रतिरोध सत्ता को नागवार लगता है। वास्तव में, अपने जीवन और जमीन के लिए संघर्षरत आदिवासियों से सत्ता हमेशा यही अपेक्षा रखती रही है कि वे चुपचाप समर्पण कर दें। अन्ततः राजकुमार धनुर्विद्या नहीं सीख पाता और राजा नाराज़ होकर मामा सोन को बन्दी बना लेता है। वह राजकुमार से कहता है, अब इसे ही अपना निशाना बनाओ। स्वयं प्रकाश लिखते हैं–"मनुष्य से बड़ा कौन सा लक्ष्य हो सकता है? ख़ासकर जब उसकी मुश्कें बँधी हों, पीठ तख्ती से सटी हो, चारों तरफ सशस्त्र सैनिकों का पहरा हो और सरपरस्ती के लिए पीठ पर राजा का हाथ हो।"[4] यह कथन हमारे सामने जीवन की सबसे गहरी पीड़ा का बिम्ब प्रस्तुत करता है। सैनिक कार्यवाही के ज़रिए, पूँजीपति

और सत्ता संस्थानों के गठजोड़ द्वारा आदिवासियों से उनकी ज़मीन छीन ली जाती है। उन्हें उनकी ही मातृभूमि से काट दिया जाता है। यह कहानी इसी पीड़ा को हमारे सम्मुख लाती है।

कहानी के अन्त तक आते-आते मामा सोन के वंशज शहर में बाँस की टोकरियाँ, तार के छींके और गत्ते के तोते-चिड़ियाँ बनाकर बेच रहे हैं। जंगल में आग लगाकर सब कुछ राख कर दिया गया है। स्वयं प्रकाश इसके बाद की स्थिति का वर्णन करते हैं–"सुना है–उस इलाके में कोई बाँध बन रहा है जिससे देश की बड़ी तरक्की होगी।" फिलहाल मामा सोन के वंशजों को जंगल से हकाल दिया गया है। विकास की समकालीन अवधारणा को बेपर्दा करती इस कहानी में स्वयं प्रकाश ने विस्थापन के दर्द और यांत्रिक संस्कृति की बेदर्द स्वीकृति का चित्रण किया है। विकास की अन्धी दौड़ में दौड़ते लोगों के बीच न आत्मीयता बची है, न मानवीयता। मानव को अन्दर से खोखला कर देने वाले परम्परा का अवमूल्यन राजकुमार की प्रतिक्रिया में खुल रहा है।

स्वयं प्रकाश जी ने जामिया मिल्लिया इस्लामिया के हिन्दी विभाग में आयोजित रचना-पाठ कार्यक्रम में भाग लेते हुए कहा–"सही अवलोकन और अच्छी नागरिकता से साहित्य में प्रतिबद्धता का निर्माण होता है। प्रतिबद्धता कोई छौंक नहीं है जिसे कहानी में लगाकर उसे जायकेदार बना दिया जाये, बल्कि यह देश, जनता और मनुष्यता के प्रति लेखक के समर्पण से बनती है। नागरिक सचेतनता ही पक्षधरता तय करती है और यहीं से रचनाकार आधार और अधिरचना के अन्तर को समझते हुए जनता के पक्ष में लिखना सीखता है।"[5]

कहानीकार ने प्रकृति के साथ मानवीय सम्बन्धों को बनाये रखने वाले आदिवासी गुरु मामा सोन के जीवन में घटने वाली त्रासदीपूर्ण घटनाओं को प्रस्तुत करते हुए समकालीन समाज में बिगड़ते मानवीय मूल्यों, आदिवासियों की विह्वलता, विडम्बना और उनके निर्मम प्रतिरोध का बेबाक चित्रण किया है। यह प्रतिरोध केवल उनके भीतर जागृत होकर वहीं दब जाता है, विलीन हो जाता है उनकी संवेदनाएँ और प्रकृति-आधारित ज्ञान-दृष्टि भी। प्रकृति केवल उनकी माता नहीं, बल्कि उनका घर है, उनकी पाठशाला है, वहीं उनका सम्पूर्ण विज्ञान कोश भी है। यहीं उन्हें जीवन का प्रशिक्षण मिलता है।

उनके लिए पुस्तकालय भी यही है और यहीं प्रायोगिक शिक्षा और अध्ययन-अध्यापन की प्रक्रिया चलती है। यही जंगल उनका निवास स्थान है और मूल्यों का खजाना भी। प्राकृतिक रूप से जो भोजन सामग्री वहाँ मिलती है, वह शुद्ध, स्वास्थ्यवर्धक और अकृत्रिम होती है, प्यार की तरह। इस जंगल रूपी माँ की गोद में पलने वाले समस्त जीव-जन्तुओं के साथ सह-जीवन और पारिस्थितिक सन्तुलन के गुणों की भी इसमें चर्चा हुई है।

परिस्थिति की स्वच्छता एवं निर्मलता का शोषण तथा विकास के नाम पर शोषण के नये-नये तौर-तरीकों को अपनाने वाले राजनीतिज्ञों की मानसिकता का संकेत इस कहानी में देखा जा सकता है। उनकी सोच में भी वह कलंक मौजूद है जो पूरी प्रकृति को प्रदूषित करता है। मानसिक शोषण, वैचारिक शोषण और ऊपर से भौतिक शोषण, इन तिगुने शोषण का शिकार होकर आदिवासी समाज आज भी अधिकाधिक हाशिए पर धकेला जा रहा है। अपनी अस्मिता खोकर ही आदिवासी जीवित रहने को मजबूर हैं। विस्थापन का दर्द मानसिक शोषण का ही एक रूप है। भविष्य की पीढ़ी को आदिवासी जीवन के तौर-तरीकों से दूर करने की जो साजिश समाज में मौजूद है, उसका स्वर 'जंगल का दाह' कहानी में सुनाई देता है। इस कहानी में उन पर नगरीय सभ्यता थोपे जाने की प्रवृत्ति की भी तीव्र आलोचना की गयी है।

वैश्वीकरण के तहत सहज जीवन को कृत्रिम बनाने का सिलसिला अब भी जारी है। इसके साथ ही पर्यावरण और खाद्य पदार्थों को कृत्रिम बनाने की प्रक्रिया भी शामिल है। वैश्वीकरण और उदारीकरण की राजनीति का कुप्रभाव स्वाभाविकता से मिलावटीपन की ओर ले जाता है। यह मूल्यों का बिखराव करता है और नवीन समस्याएँ उत्पन्न करता है। बालकों को असुरक्षा, भय और अवैज्ञानिक जीवन मानसिक दृष्टि से दुर्बल बना देते हैं।

आधुनिकीकरण और शहरीकरण के तहत नष्ट होती आदिवासी सभ्यता, उनके जीवन-मूल्य, गुरु-शिष्य सम्बन्ध, प्राकृतिक अध्ययन शाला का महत्त्व, विस्थापन का दर्द और नष्ट होती एक पीढ़ी की निर्मम सहनशीलता हमें सोचने के लिए बाध्य करती है कि विकास के नाम पर किये जाने वाले क्रियाकलाप प्रायः महज राजनीतिक चालाकी के सिवा कुछ नहीं होते। फिलहाल इससे लाभान्वित केवल वही लोग हैं जो कपट-मूल्यों के संवाहक हैं, जो हमारी

जंगली सभ्यता को नष्ट कर 'प्लास्टिक सभ्यता' का पोषण कर रहे हैं। आदिवासी हमारी वंश-परम्परा को आगे बढ़ाने वाली वह कड़ी हैं, जिनके बिना समाज का विकास पूर्ण कदापि नहीं हो सकता। प्रत्येक भूखण्ड में ऐसी अनेक जनजातियाँ हैं, जिनके कारण पृथ्वी का स्वरूप अब भी यथावत बना हुआ है। उन्हें किसी भी नाम से पुकारो, लेकिन उनके अस्तित्व को सुरक्षित बनाये रखने में ही पूरी मानव संस्कृति का भविष्य निहित है।

सन्दर्भ

1. जंगल का दाह–स्वयं प्रकाश
2. वही
3. वही
4. वही
5. स्वतन्त्र आवाज–हिन्दी दैनिक समाचार पोर्टल -27/8/2016
6. गद्यकोश वेबसाइट
7. गूगल

अध्याय-5

भारतीय किसान जीवन के बदलते परिदृश्य : कैलाश बनबासी की कहानियों में

सारांश : इस लेख में कैलाश बनवासी के कहानी-संग्रह 'बाज़ार में रामधन' की प्रमुख कहानी 'बाज़ार में रामधन' के माध्यम से किसान-जीवन की सामाजिक तथा आर्थिक समस्याओं को समझने का प्रयास किया गया है। साथ ही संग्रह में संकलित 'एक गाँव फुलझर' कहानी के पाठ को भी विस्तृत परिप्रेक्ष्य में विश्लेषित करते हुए किसानों की समस्याओं को समझने के लिए एक समग्र दृष्टिकोण विकसित करने का प्रयास किया गया है। लेख में कहानी के पाठ के अन्तर्गत उभरती नवीन उद्‌भावनाओं की भी समीक्षात्मक पड़ताल की गयी है।

बीज शब्द : भारतीय किसान, कैलाश बनवासी, बाज़ार में रामधन, एक गाँव फुलझर।

भारतीय किसान-जीवन सदियों से परिवर्तनशील रहा है। आज़ादी के बाद से किसानों की स्थिति में कई महत्त्वपूर्ण बदलाव देखने को मिले हैं। आर्थिक परिवर्तनों के कारण एक ओर कृषि उत्पादन में वृद्धि हुई है, तो दूसरी ओर आधुनिक तकनीकों, बेहतर बीजों और सिंचाई सुविधाओं के उपयोग से भी उत्पादन में उल्लेखनीय बढ़ोतरी देखी गयी है। लेकिन समकालीन सन्दर्भ में यह स्पष्ट है कि आर्थिक तंगी से किसान वर्ग अब भी पूरी तरह मुक्त नहीं हो पाया है। किसानों को क़र्ज़, कम आय और वस्तुओं की क़ीमतों में उतार-चढ़ाव जैसी समस्याओं का सामना करना पड़ता है। भूमि का स्वामित्व छोटे किसानों से खिसककर बड़े किसानों और कम्पनियों की ओर स्थानान्तरित हो रहा है। सामाजिक परिवर्तन के सन्दर्भ में भी कई तरह के बदलाव दृष्टिगोचर

होते हैं। शिक्षा के स्तर में वृद्धि होने के कारण किसानों में जागरूकता आयी है और सामाजिक गतिशीलता बढ़ी है। स्वतन्त्रता के बाद, विशेषकर नब्बे के दशक से सामाजिक संरचना में जो क्रान्ति आयी है, उसकी गति धीमी नहीं रही है। जातिवाद और पितृसत्तात्मक प्रथाओं का प्रभाव भी धीरे-धीरे कम हुआ है। बेहतर जीवन स्तर की तलाश में ग्रामीण क्षेत्रों से शहरी क्षेत्रों की ओर प्रवास भी तेजी से बढ़ा है। राजनीतिक स्तर पर सरकार ने किसानों की सहायता के लिए कई नीतियाँ और योजनाएँ लागू की हैं। किसानों की राजनीतिक भागीदारी बढ़ी है और वे अब अपनी आवाज बुलन्द करने के लिए संगठित हो रहे हैं। पर्यावरणीय परिवर्तन का किसानों के जीवन पर प्रभाव भी नज़रअन्दाज़ नहीं किया जा सकता। जलवायु परिवर्तन का कृषि पर नकारात्मक प्रभाव पड़ रहा है, जिससे किसानों की आजीविका पर खतरा उत्पन्न हो गया है। साथ ही, बढ़ती आबादी और औद्योगीकरण के कारण प्राकृतिक संसाधनों पर भी दबाव बढ़ता जा रहा है। इन सभी तब्दीलियों के बीच आगे की राह में आर्थिक सशक्तिकरण को सबसे प्रमुख प्राथमिकता देना आवश्यक होगा।

कैलाश बनवासी की कहानियाँ इस दौर की अहम् स्थितियों एवं समस्याओं को उद्घाटित करने वाली हैं। 10 मार्च 1965 को दुर्ग (छत्तीसगढ़) में जन्मे कैलाश बनवासी हिन्दी के प्रमुख कथाकार हैं। भारत में भूमण्डलीकरण की प्रक्रिया के शुरुआती दिनों में ही उन्होंने 'बाज़ार में रामधन' जैसी कहानी लिखकर हिन्दी पाठकों और आलोचकों का ध्यान आकृष्ट किया था। भारत के ग्रामीण-कस्बाई क्षेत्रों के जीवन का प्रामाणिक चित्रण बनवासी की कहानियों की विशेषता है। जादू टूटता है, कविता, पेंटिंग, पेड़ कुछ नहीं, लक्ष्य तथा अन्य कहानियाँ, बाज़ार में रामधन, पीले कागज़ की उजली इबारत तथा प्रकोप उनके प्रमुख कहानी-संग्रह हैं। एक उपन्यास 'लौटना नहीं है' भी प्रकाशित हो चुका है। उन्हें श्याम व्यास पुरस्कार (1997), प्रेमचन्द स्मृति कथा सम्मान (2010), वनमाली कथा सम्मान (2014), गायत्री कथा सम्मान (2016) आदि से सम्मानित किया गया है। सम्प्रति, वे अध्यापन और लेखन कार्य में व्यस्त हैं। सत्तर से भी अधिक कहानियाँ देश की विभिन्न प्रतिष्ठित पत्र-पत्रिकाओं में प्रकाशित हो चुकी हैं। निसन्देह, साहित्यकार के रूप में कैलाश बनवासी एक अत्यन्त मूल्यवान गद्दी पर बैठे हैं।

कैलाश बनवासी, वर्तमान समय के युवा कहानीकारों में अपने सर्वथा अलग स्वर के लिए जाने जाते हैं। कहानी में पीछे छूट गयी हाशिए की आवाज़ों को पहचानने का कठिन एवं सूक्ष्मदर्शी अभ्यास बनवासी की कहानियाँ करती हैं। उन्होंने भारतीय समाज के उस हिस्से के लोगों को अपनी कहानियों में जगह दी है, जो गाँवों-कस्बों में रहकर प्रगति के पथ पर बढ़ते भारतीय समाज में अपनी जगह खोज रहे हैं। कामकाजी औरतें, खेतों में जूझते किसान और साधारण नागरिकों के संघर्ष बनवासी की कहानियों का विचार-बिन्दु हैं। वे अपनी कहानियों को सहज भाषा और प्रभावशाली प्रस्तुति से बुनते हैं। जिन विचारों का संकल्प उनकी कहानियों में दिखायी देता है, वह असल में प्रेमचन्द, रेणु और हरिशंकर परसाई जैसे साहित्यकारों की भावभूमि के निकट है। इनकी कहानियों से यह विधा बिल्कुल आम जनता की चीज़ मालूम होती है। भूमण्डलीकरण के इस दौर में कैलाश बनवासी की कहानियाँ हमें देश के अनदेखे-अनजाने इलाकों में ले जाने में सफल होती हैं। प्रेमचन्द युग से ही किसानी जीवन का चित्रण, ख़ासकर बैलों एवं गाय के साथ के रागात्मक आत्म-सम्बन्ध को उकेरते हुए, तत्कालीन भारतीय समाज का यथार्थ प्रस्तुत करता आया है। 'गोदान' में बैल बिकने से वापस आते हैं। किसानी जीवन की निश्छलता को चिह्नित करने वाली जैनेन्द्र कुमार की 'गाय' मनुष्यों की तरह बाज़ार में बोलने लगती है। उपेन्द्रनाथ अश्क की 'डाची' का संकेत भी इसी तरह जबरदस्त है। कैलाश बनवासी ने भी इसी मार्ग को रचनात्मक रूप से स्वीकार किया है। उनकी कहानियाँ देहाती मध्यम वर्ग की प्रतिनिधि कहानियाँ हैं। वर्तमान दौर में किसानी समाज पर दृष्टिपात रखने वाले विरले साहित्यकारों में एक बनवासी हैं। शिवपूजन सहाय की 'देहाती दुनिया' से लेकर कैलाश बनवासी की देहाती दुनिया तक देखा जाये, तो दिलचस्प और ख़तरनाक परिवर्तन हो गये हैं। शोहदों, दलालों, फूहड़ अमीरों, हिंसक धर्मप्राणों, ज़मीन हड़पने का प्रचंड महाभारत चलाने वालों और यथास्थिति के लिए अपने प्राण झोंक देने वाले अध्यापकों के सन्दर्भ में अपनी कसैली कहानियाँ लिखने वाले कैलाश बनवासी निश्चय ही समकालीन साहित्य का एक अमूल्य व्यक्तित्व हैं। कैलाश की कहानियाँ पुराने सामाजिक परिवेश की ओर इंगित करते हुए श्वेत-श्याम भूमिका में निर्मित हैं। मगर शहर से दूर रहने वाले कैलाश बनवासी ने अपनी कीर्ति सृजनात्मकता की अहमियत से अर्जित की है।

कैलाश बनवासी हमारे आस-पास के अकृत्रिम परिवेश और प्रकृति से जुड़ी कहानियाँ पेश करने वाले कहानीकार हैं। ये निःसन्देह वर्तमान की यथार्थपरक कहानियाँ हैं और एकदम रोजमर्रा के जीवन के तजुर्बों का आख्यान हैं। पारम्परिक मूल्यों को बनाये रखने की कल्पना और आंचलिक संस्कृति के सपनों को बचाये रखने का गहरा एवं संजीदा प्रयास ही उनकी कुशल कहानी कला है। भूमण्डलीकरण के दौर की धनतान्त्रिक शक्तियाँ इन मूल्यों को भारतीय किसानों से हड़प लेना चाहती हैं। ये उस आम आदमी की कहानियाँ हैं जो अधिकतर प्रचार का हिस्सा नहीं बनते, लेकिन देश के विकास में सक्रिय भागीदारी निभाते हैं। कहा जा सकता है कि ये अनायकों के साहस की कहानियाँ हैं। ये कहानियाँ संस्मरणात्मक भी हैं और संघर्षात्मक भी। इनमें प्यार की कोमलता है तो जीवन-संघर्षों की कठोरता भी। दिनों-दिन साधारण मनुष्य के अधिकार की आवाज के लगातार कमज़ोर होते जाने और उसे हाशिए पर कर दिये जाने की कई छवियाँ इन कहानियों में मौजूद हैं, जो किसी भी संवेदनशील पाठक को विचलित कर सकती हैं। आज हमारा सम्पूर्ण समाज और संस्कृति बाज़ार की शक्तियों के हवाले हैं, जहाँ साधारण आदमी की संवेदनाओं और मूल्यों के लिए कोई जगह नहीं बची है। 'बाज़ार में रामधन', 'लोहा और आग' और 'एक गाँव फुलझर' जैसी कहानियाँ ऐसे ही लोगों की त्रासदी और नियति से जूझती हुई स्थितियों के बदलाव का स्वप्न लिए हुए हैं। किसानों के जीवन के ऐसे त्रासद क्षण, जो पाठक के मानस पटल पर गहरा जादुई प्रभाव छोड़ते हैं, उन्हें बार-बार सोचने के लिए बाध्य करते हैं कि दुनिया बदलती है, मगर किसान नहीं। कृषक जीवन और संस्कृति के बिना भारतीय समाज या विश्व के किसी भी समाज का चित्र अधूरा ही रहेगा। भारतीय समाज की मुकम्मल तस्वीर किसानों की ज़िन्दगी से जुड़ी रहती है। आज भी भारत की पचहत्तर प्रतिशत से अधिक जनसंख्या गाँवों में निवास करती है। गाँवों की अधिकांश जनता का मुख्य व्यवसाय कृषि ही है। उदारीकरण की नीतियाँ नब्बे के दशक के पश्चात् लागू हुईं, जिससे किसानों के जीवन का संघर्ष और भी बढ़ गया। खेती घाटे का सौदा बनने के कारण किसान आत्महत्या करने लगे। इसके साथ ही, क्रमशः किसान खेती को छोड़ने भी लगे। 'बाज़ार में रामधन' के माध्यम से किसान-जीवन की सामाजिक तथा आर्थिक समस्याओं की चर्चा की गयी है। कहानी के पाठ को

विस्तृत फलक पर देखने के लिए और कृषक समस्या पर पाठकों की नवीन आलोचनात्मक दृष्टि विकसित करने का सोद्देश्य प्रयास भी कहानीकार ने किया है। किसानों की समस्याओं को बहुआयामिता एवं नवीन संवेदनात्मक-सांस्कृतिक ऊर्जा के साथ यह कहानी प्रस्तुत करती है।

कृषक विमर्श के अन्तर्गत नयी सम्भावनाओं को विकसित करने वाली और उनकी पड़ताल करने वाली कहानी के रूप में 'बाज़ार में रामधन' का विशेष महत्त्व है। इस कहानी में पाठक और रचना के बीच एक बलवती पारम्परिक सांस्कृतिक मूल्यों की सेतु का निर्माण होता है। इस कहानी के अनुभूति पक्ष में चर्चित मुख्य मुद्दा परम्परागत रूप से मान्यता प्राप्त किसानों की अस्मिता से जुड़ा है। भूमण्डलीकरण के दौर में किसानी संवेदना, बाज़ारवाद के युग में किसानों की नीतियाँ, उदारीकरण के तहत किसानों का जीवन-यथार्थ, इन सबकी अभिव्यक्ति इस रचना में सशक्त रूप से हुई है। बैल, रामधन और मुन्ना जैसे तीन अतिसामान्य पात्रों की चारित्रिक ख़ूबियाँ इस कहानी को विशिष्ट बनाती हैं।

कहानी पढ़ने से ज्ञात होता है कि कहानीकार ने 'कृषक कौन होता है', इस विषय पर गम्भीरता से विचार कर ही 'रामधन' नामक पात्र की सृष्टि की है। कहानी की मूल संवेदना के स्तर पर छानबीन करने से यह स्पष्ट होता है कि किसान वे हैं जो सम्पूर्ण जीवन में खेती और इससे जुड़े चेतन-अचेतन भौतिक तथ्यों एवं पारम्परिक सांस्कृतिक मूल्यों को अपने प्राणवायु की तरह अनुभव करते हैं। रामधन, तन-मन से सौ प्रतिशत किसान होने के कारण, अत्यन्त दुखी है। उनकी चारित्रिक भूमिका का चयन केवल किसानी पेशे के व्यक्ति के रूप में नहीं, बल्कि किसानी सांस्कृतिक मूल्यों के संवाहक प्रतिबिम्ब के रूप में किया गया है। रामधन के किसानी जीवन की विडम्बना और सांस्कृतिक यथार्थ, सम्पूर्ण कहानी के परिवेश की महक में परखा जा सकता है। कहानीकार ने इसे इस प्रकार वाणी दी है–"इनकी गहरी काली तरल आँखों को देखकर रामधन को यह भी लगता है, ये हमारे सुख-दुख को ख़ूब अच्छी तरह समझते हैं, बिल्कुल अपने किसी सगे की तरह। तभी तो वह उन्हें इतना चाहता है, इतना लगाव रखता है।"[1] सौ प्रतिशत किसान होने के कारण तन-मन से वह 'बैल' भी है और बैल 'वह' भी है। अन्त में, कहानीकार ने बैल के मुँह से नाटकीय ढंग से निकलने वाली ध्वनियों को इस

प्रकार शब्दबद्ध किया है–"आखिर तुम हमें कब तक बचाओगे, रामधन? कब तक?"[2] अत:, केवल एक जानवर से बढ़कर, इस कहानी में बैल की चारित्रिक भावभूमि पूरे कृषक इतिहास एवं परम्परा को साथ लेकर चलने वाली है।

कृषक परिवार का अंग होकर भी मुन्ना किसानी संस्कृति का संवाहक नहीं है, बल्कि वह आधुनिक शहरी नागरिक का प्रतिनिधि है। उसका पालन-पोषण कृषक संवेदना से नहीं, बल्कि आधुनिक संवेदना से हुआ है। परन्तु वह सांस्कृतिक परिवर्तन के कमज़ोर क्षण में डाँवाडोल हो रहा है। जिस धागे के दूसरे छोर तक पहुँचने में अभी दूरियाँ बाकी हैं, मुन्ना उसी अपसंस्कृति का शिकार है, जो उसके अस्तित्व को गाँव से शहर की ओर खींच लायी है। आर्थिक तंगी के कारण रामधन ने अपने छोटे भाई मुन्ना को कॉलेज नहीं पढ़ाया। जब कोई छोटा-मोटा धंधा शुरू करने के लिए पैसे की ज़रूरत पड़ी, तो मुन्ना ने सोच-समझकर अपने भाई से कहा–"भैया, बैलों को बेच दो।"[3]–यही इस कहानी का सबसे मार्मिक एवं हृदय-भेदक संवाद है, जो 'अनायक' रामधन के लिए असहनीय है। यह सुनते ही उसकी सारी ताक़त जैसे जाती रहती है और वह अकेले में ख़ूब रोता है। भारतीय समाज की संरचना में कृषक-जीवन और संस्कृति एक महत्त्वपूर्ण घटक है। किसान के बिना भारतीय समाज की मुकम्मल तस्वीर प्रस्तुत नहीं की जा सकती। आज भी भारत की उनहत्तर प्रतिशत जनसंख्या गाँवों में निवास करती है और गाँवों की अधिकांश जनसंख्या का मुख्य व्यवसाय कृषि ही है।

'एक गाँव फुलझर' कहानी में फूलझर गाँव के किसान ललित की ज़मीन, विकास के नाम पर उद्योगपतियों के हाथ पहुँचती है। परिणामस्वरूप, उसे मजदूर बनना पड़ता है और बीमारी एवं ग़रीबी के कारण वह अपने ही बच्चों का 'घातक' बन जाता है। पूँजीवादी उद्योगपति अपनी स्वार्थ-साधना हेतु गाँव को उजाड़ने का कार्य कर रहे हैं। वे कल-कारखाने लगाकर लाभ कमाना चाहते हैं। इसके लिए उन्हें जो ज़मीन चाहिए, उसका अधिग्रहण होता ही है। वे किसानों से, उनके बेरोजगार बेटों को काम देने का झूठा वादा करके, उनकी ज़मीन छीन लेते हैं और किसानों को भिखारी या आत्महत्या करने पर मजबूर कर देते हैं। इसमें सत्ता पक्ष की भूमिका दलाल की होती है। सरकार पूँजीपतियों को करोड़ों रुपये क़र्ज़ और कर में छूट देती है, पर किसानों के

लिए कुछ नहीं होता। कैलाश बनवासी की कहानी 'एक गाँव फुलझर' में यह स्पष्ट रूप से देखा जा सकता है कि औद्योगीकरण किस तरह गाँव को निगल रहा है या कहें, गायब कर रहा है। उद्योगपति छत्रशाल गुप्ता ने सरपंच और उसके समर्थक किसानों के बेटों को फैक्टरी में नौकरी देने का वादा किया है। इसलिए वे गाँव के लोगों को इस तरह समझा रहे हैं–"तुम लोग यार सच में एकदम गँवार हो, थोड़ी सी ज़मीन जाने का हमें इतना बड़ा लाभ मिल रहा है तो ज़मीन को जाने दो। क्या करना है, गाय-गोरू तो कहीं और जाकर चर लेंगे। ये सोचो, तुम्हारे बेरोज़गार लड़कों को काम मिलेगा। इससे तरक़्क़ी होगी, हमारा गाँव खुशहाल गाँव बनेगा।"[4] औद्योगीकरण गाँव में तरक़्क़ी लाएगा यह कहकर, उद्योगपतियों के बिचौलिए गाँव में ऐसी बातें फैलाते हैं। गाँव के लोग इस बहकावे में आकर उन्हें अपनी ज़मीन औने-पौने दामों में बेचने के लिए तैयार हो जाते हैं। विकास योजनाओं के नाम पर किसान को खेती छोड़कर मजदूर बनना पड़ता है। फुलझर गाँव, शहर से सटा हुआ एक छोटा-सा गाँव है। वहाँ के किसानों की हालत का बयान इस प्रकार किया गया है–"आजकल के हालात में वे मज़दूर ज्यादा हैं क्योंकि किसानी एक महँगा सौदा हो गया है, जुए का दाँव। ऊपरवाले ने पानी नहीं बरसाया तो सब कुछ चौपट। इससे बचे तो खरपतवार और कीटकों का प्रकोप। फिर भी गाँव के किसान यहाँ दाँव खेलते हैं, जैसे परम्परा निभा रहे हैं। अषाढ़-सावन में खेतीबारी सँभालते हैं और अगहन-पूस में मज़दूर हो जाते हैं।"[5] औद्योगीकरण और शहरीकरण की चकाचौंध ने ग्रामीण संस्कृति को उजाड़कर रख दिया है। आज गाँव का अस्तित्व नष्ट होता हुआ दिखायी पड़ रहा है। गाँव का किसान, किसान न रहकर शहर में मजदूर बन गया है और शहर में काम करने वाले बाबू लोग गाँव को नज़रअंदाज़ कर रहे हैं। विश्व ग्राम की परिकल्पना ने गाँव के इतिहास को भी बदल दिया है।

निष्कर्षत: कहा जा सकता है कि किसानों के आर्थिक सशक्तिकरण के लिए कृषि-आधारित उद्योगों को बढ़ावा देना अत्यन्त आवश्यक है। साथ ही, ऋण-माफ़ी, बेहतर मूल्य निर्धारण की व्यवस्था और सामाजिक न्याय सुनिश्चित करने के लिए अनावश्यक एवं अधोगामी प्रथाओं का उन्मूलन तथा महिला किसानों को सशक्त बनाना भी जरूरी है। कैलाश बनवासी की कहानियाँ हमें इन विषयों पर पुनः विचार करने के लिए बाध्य करती हैं।

किसान, हर राष्ट्र की तरह, भारत की भी अमूल्य सम्पत्ति हैं। 'जय जवान, जय किसान' का नारा वर्तमान समय में और अधिक बुलन्द करने की आवश्यकता है। किसानों के लिए पर्यावरण संरक्षण के साथ-साथ जलवायु परिवर्तन के प्रभावों को कम करने की दिशा में और अधिक शोध कार्य करने की ज़रूरत है। खेती को सुचारू और लाभकारी बनाने हेतु प्राकृतिक संसाधनों का संरक्षण करना और टिकाऊ कृषि पद्धतियों को अपनाना आवश्यक है। समकालीन सन्दर्भ में भारतीय किसान-जीवन का बदलता परिदृश्य अनेक चुनौतियों से भरा हुआ है। किसानों की बेहतरी के लिए सभी क़ानूनी अधिकार उन्हें भी पूर्ण रूप से मिलने चाहिए। इसके लिए सभी हितधारकों को मिलकर कार्य करना होगा। 'बाज़ार में रामधन' और 'एक गाँव फुलझर' जैसी कहानियों की प्रासंगिकता इस दृष्टि से अत्यन्त महत्त्वपूर्ण है।

सन्दर्भ

1. कैलाश बनवासी, बाज़ार में रामधन, 2004, भारतीय ज्ञानपीठ प्रकाशन ,नयी दिल्ली पृष्ठ-11
2. वही पृष्ठ-19
3. वही पृष्ठ-10
4. वही पृष्ठ-114
5. वही पृष्ठ-112

वेबसाइट

1. भारतीय साहित्य संग्रह वेबसाइट

अध्याय-6

इक्कीसवीं सदी में 'घुसपैठिए' कहानी का पुनर्मूल्यांकन

शोध सार : आज, इक्कीसवीं सदी में प्रवेश कर चुके समाज में भी दलित एवं हाशियाकृत समुदाय तरह-तरह के उत्पीड़नों का शिकार हो रहे हैं। शिक्षित समाज के लिए यह एक दर्दनाक एवं लज्जाजनक स्थिति है।

बीज शब्द : दलित साहित्य, घुसपैठिए, कहानी, पुनर्मूल्यांकन, शिक्षित समाज।

ओमप्रकाश वाल्मीकि वर्तमान दलित साहित्य के प्रतिनिधि रचनाकारों में से एक हैं। हिन्दी में दलित साहित्य के विकास में उनकी महत्त्वपूर्ण भूमिका रही है। उन्होंने डॉ. भीमराव अम्बेडकर की रचनाओं का अध्ययन किया, जिससे उन्हें दलित साहित्य के लेखन एवं अध्ययन की प्रेरणा मिली। वाल्मीकि जी की मान्यता है कि दलितों द्वारा लिखा गया साहित्य ही दलित साहित्य है। उनका यह भी कहना है कि दलित की पीड़ा को एक दलित ही बेहतर समझ सकता है और वही अपने अनुभवों को सत्य रूप में अभिव्यक्त कर सकता है। ओमप्रकाश वाल्मीकि ने 1980 के दशक में लेखन प्रारम्भ किया। उन्होंने कविता, आत्मकथा, आलोचना, नाटक और कहानी संग्रह जैसी सभी विधाओं में सक्रिय लेखनी चलायी। उनके कहानी संग्रहों में सलाम, अम्मा एंड अदर स्टोरीज, छतरी और घुसपैठिए, मंडी (1976) और अँधेरे में दीप आदि उल्लेखनीय हैं। उनका साहित्य दलित जीवन और अनुभवों को सामने लाता है। वाल्मीकि के साहित्य में दलित उत्पीड़न, अस्पृश्यता, शिक्षा और आर्थिक असमानता जैसे विषयों को प्रमुखता से स्थान दिया गया है। उनकी आत्मकथात्मक कृति "जूठन" (1997) उनका पहला उपन्यास है,

जिसमें उनके बचपन और युवावस्था के अनुभवों को चित्रित किया गया है। इस उपन्यास में वाल्मीकि जी ने स्वयं को दलित होने के कारण झेलने पड़े भेदभाव और उत्पीड़न का यथार्थ चित्रण किया है। यह कृति दलित उत्पीड़न के ख़िलाफ़ जागरूकता फैलाने वाला एक सशक्त दस्तावेज बन गयी है। वे अपने साहित्य का उपयोग दलित उत्पीड़न के ख़िलाफ़ लड़ने और दलित अधिकारों को बढ़ावा देने के एक औज़ार के रूप में करते हैं। दलित जीवन और अनुभवों का यथार्थवादी चित्रण, दलित उत्पीड़न के ख़िलाफ़ एक मजबूत आवाज़ और दलित अधिकारों के लिए सशक्त आह्वान, ये ओमप्रकाश वाल्मीकि के साहित्य की प्रमुख विशेषताएँ हैं।

वाल्मीकि का साहित्य भारतीय समाज में दलित उत्पीड़न के प्रति जागरूकता बढ़ाने में महत्त्वपूर्ण भूमिका निभाता है। उन्होंने दलित साहित्य को हिन्दी साहित्य की एक प्रमुख धारा के रूप में स्थापित करने में उल्लेखनीय योगदान दिया है। 'घुसपैठिए' एक ऐसी कहानी है, जो मेडिकल कॉलेज में अध्ययनरत दलित छात्रों के अनुभवों पर आधारित है। इस कहानी के माध्यम से वाल्मीकि जी ने समाज में व्याप्त जातिवादी मानसिकता और जाति-व्यवस्था को उजागर करने का प्रयास किया है। कहानी में यह दिखाया गया है कि किस प्रकार मेडिकल कॉलेज में दलित छात्रों को बलि का बकरा बनाया जाता है, और उनकी नियति एक सोची-समझी सामाजिक प्रक्रिया के तहत निर्धारित कर दी जाती है। यह कथा समाज में गहराई से बैठी उस ग़लतफहमी को भी चुनौती देती है कि दलित डॉक्टर या इंजीनियर नहीं बन सकते। ऐसी सोच को खण्डित करने का स्पष्ट प्रयास इस कहानी में परिलक्षित होता है। कहानीकार ने दलितों के प्रति व्याप्त उन रूढ़ धारणाओं और मानसिकता पर भी तीखा प्रश्न उठाया है, जो उन्हें हर स्तर पर तिरस्कृत मानती है। आरक्षण मिलने के कारण दलितों को दोषी ठहराने की जो मतलबी और संकीर्ण सोच है, उस पर भी इस कहानी के माध्यम से गम्भीर टिप्पणी की गयी है।

घुसपैठिए कहानी का परिवेश मेडिकल कॉलेज है, जहाँ दलित छात्र सवर्ण छात्रों की दृष्टि में एक अपराधी समझे जाते हैं। उन्हें आरक्षण द्वारा कॉलेज में प्रवेश मिला है और यह सवर्ण छात्रों की दृष्टि में सबसे बड़ी गलती है। दलित छात्रों को अन्याय के ख़िलाफ़ आवाज़ उठाने की मनाही है। पूरा माहौल शहरी है, जहाँ सब सुशिक्षित हैं। सब ऊँचे-ऊँचे पदों पर आसीन हैं,

कोई दलित व्यक्ति अफसर बना है, तो कोई अधिकारी के पद पर विराजमान है। लेकिन आशंका इस वास्तविकता को स्वीकारने में है कि किसी में भी इतनी हिम्मत नहीं है कि अन्याय के विरोध में खड़ा हो जाये। अत्याचार आमने-सामने देखकर भी गुनाह को खुले आम पकड़ने और उसके ख़िलाफ़ कोई कार्यवाही करने के लिए अधिकारी वर्ग तैयार नहीं होते। कोई इतना साहस नहीं जुटा पाता कि इन दलित छात्रों की पुकार सुन ले। सारे अफसर और अधिकारी अपनी-अपनी कुर्सी सँभालते हुए नज़र आ रहे हैं। पूरा वातावरण तानाकशी से भरा है। समस्त विभाग वालों को ऐसा लगता है कि दलित छात्र घुसपैठिए हैं। आरक्षण के चलते ही उन्हें प्रवेश मिला है। देश में आरक्षण का मुद्दा सालों से चला आ रहा है। आज़ादी से पहले ही नौकरियों और शिक्षा में पिछड़ी जातियों के लिए आरक्षण देने की शुरुआत कर दी गयी थी। इसके लिए अलग-अलग राज्यों में विशेष आरक्षण के लिए आन्दोलन होते रहे हैं, राजस्थान में गुर्जर, हरियाणा में जाट और अब गुजरात में पाटीदारों (पटेल) ने आरक्षण की माँग उठायी है।

आज़ादी से पहले प्रेसिडेंसी क्षेत्रों और रियासतों के एक बड़े हिस्से में पिछड़े वर्गों (बीसी) के लिए आरक्षण की शुरुआत हो चुकी थी। महाराष्ट्र में कोल्हापुर के महाराजा छत्रपति साहूजी महाराज ने 1901 में पिछड़े वर्गों की ग़रीबी दूर करने और राज्य प्रशासन में उनकी हिस्सेदारी (नौकरी) सुनिश्चित करने के लिए आरक्षण शुरू किया था। यह भारत में दलित वर्गों के कल्याण हेतु आरक्षण प्रदान करने वाला पहला सरकारी आदेश माना जाता है। 1908 में अंग्रेज़ों ने प्रशासन में हिस्सेदारी के लिए आरक्षण की व्यवस्था शुरू की। 1921 में मद्रास प्रेसिडेंसी ने एक सरकारी आदेश जारी किया, जिसमें गैर-ब्राह्मणों के लिए 44 फीसदी, ब्राह्मणों, मुसलमानों, भारतीय एंग्लो/ईसाइयों के लिए 16-16 फीसदी और अनुसूचित जातियों के लिए 8 फीसदी आरक्षण निर्धारित किया गया। 1935 में भारत सरकार अधिनियम के तहत सरकारी आरक्षण को सुनिश्चित किया गया। 1942 में बाबा साहब अम्बेडकर ने सरकारी सेवाओं और शिक्षा के क्षेत्र में अनुसूचित जातियों के लिए आरक्षण की माँग उठाई। आरक्षण का उद्देश्य केन्द्र और राज्य स्तर पर सरकारी नौकरियों, कल्याणकारी योजनाओं, चुनावों और शिक्षा के क्षेत्र में सभी वर्गों की समान हिस्सेदारी सुनिश्चित करना था, ताकि समाज के प्रत्येक वर्ग को

आगे बढ़ने का अवसर मिल सके। इसके लिए पिछड़े वर्गों को तीन श्रेणियों में विभाजित किया गया, अनुसूचित जाति (एससी), अनुसूचित जनजाति (एसटी) और अन्य पिछड़ा वर्ग (ओबीसी)।[1]

कहानी के पात्र अमरदीप, विकास चौधरी, नितिन मेश्राम और सुभाष सोनकर दलित छात्र हैं, जिन्होंने डॉक्टर बनने के लिए कॉलेज में प्रवेश प्राप्त किया है। ये कठिन परिस्थितियों में भी अपने माँ-बाप के सपनों को पूरा करने की जद्दोजहद में लगे हुए हैं। कॉलेज में सवर्ण छात्र दलित छात्रों के साथ दुर्व्यवहार करते हैं, जिससे दलित छात्र अत्यन्त परेशान होकर भी हमेशा की तरह असुरक्षित महसूस करते हैं और सवर्ण छात्रों के समान अधिकारों से वंचित रहने के लिए बाध्य हो जाते हैं। शहर से कॉलेज जाने वाली बसों में उन्हें 'चमरटे' जैसे अभद्र शब्दों से पुकारा जाता है और बस की सबसे पिछली सीट पर ले जाकर लात-घूंसे से पीटा जाता है। यहाँ तक कि उन्हें हॉस्टल में भी अलग रखा जाता है। यही हाल गर्ल्स हॉस्टल का भी है, जहाँ सभी दलित लड़कियाँ एक साथ रहती हैं। यदि छात्र हॉस्टल वार्डन से इसकी शिकायत करें, तो उल्टा उन्हें ही चेतावनी दी जाती है कि अपनी औकात में रहें, वरना हॉस्टल से निकाल दिया जायेगा।

यहाँ का परिवेश कितना खतरनाक और लज्जाजनक है, इसके प्रति कहानीकार का दृष्टिकोण बिल्कुल स्पष्ट और खुला है। दलित होते हुए भी, कभी-कभी अपमानित और असुरक्षित ज़िन्दगी से दूर रहने की कोशिश ही मनुष्य को अनैतिक आचरण की ओर प्रवृत्त कर देती है। कहानी का किरदार 'राकेश' एक दलित जाति का अफसर है, जो परिवेशगत समस्याओं के दबाव में आकर स्वयं चाहकर भी दलितों के लिए आवाज़ नहीं उठा पाता। कहानी का प्रमुख पात्र रमेश चौधरी एक सामाजिक कार्यकर्ता है, जो बिल्कुल बेबाक है और गलत का विरोध करने में सदैव तत्पर रहता है, जबकि राकेश शान्त प्रवृत्ति का व्यक्ति है। वह दलित वर्ग पर होने वाले अत्याचारों के ख़िलाफ़ बोलना तो चाहता है, लेकिन अपनी पत्नी के डर से चुप्पी साध लेना ही मुमकिन और सही समझता है। रमेश चौधरी अक्सर किसी-न-किसी बहाने राकेश से मिलता है और उसके आने से राकेश बिल्कुल अव्यवस्थित हो जाता है। वह जितना उससे पीछा छुड़ाना चाहता है, उतना ही रमेश किसी-न-किसी बहाने आ ही जाता है। राकेश के इस व्यवहार से क्षुब्ध होकर रमेश एक बार

कुछ ऐसा कहता है–"तुम लोग अपने आप को समझते क्या हो? तुम लोगों को सिर्फ़ बड़े-बड़े प्रमोशन चाहिए, वह भी आरक्षण के भरोसे। बच्चों को स्कूल, कॉलेज में एडमिशन भी कोटे से ही चाहिए। लेकिन इस कोटे को बचाये रखने की नौबत आती है तो तुम लोगों को जरूरी काम निकल आते हैं या फिर दफ्तर से छुट्टी नहीं मिलती। तब रमेश चौधरी ही बनेगा बलि का बकरा। गालियाँ भी वही खायेगा। देखो साहब... अगर भीड़ का हिस्सा बनने में आप लोगों को खतरा दिखायी देता है, तो ऐसी संस्थाओं को चन्दा दो जो तुम्हारे हितों के लिए काम करती हों। तुम लोग इसी तरह उदासीन बने रहे तो वह दिन दूर नहीं जब ये लोग आरक्षण को हजम कर जायेंगे... बाबा साहब तो हैं नहीं..."[2] उसकी ऐसी बातों से राकेश हमेशा बचने की कोशिश करता है, क्योंकि उसकी पत्नी इन्दु चाहती थी कि वह इन सब पचड़ों से दूर रहे। इन्दु का ऐसा नज़रिया सामाजिक प्रताड़ना का ही परिणाम था। वह एक सहज जीवन जीना चाहती थी। ऐसा प्रतीत होता है कि अपने दलित होने का भय उसे भीतर ही भीतर खाये जा रहा है।

उस कॉलेज में दिन-प्रतिदिन दलित छात्रों के साथ दुष्कर्म बढ़ता जाता है। एक दिन अचानक राकेश के घर पर रमेश चौधरी कॉलेज के कुछ दलित छात्रों अमरदीप, विकास चौधरी, नितिन मेश्राम और सुभाष सोनकर को लेकर आया। रमेश चौधरी सबका परिचय कराता है। वे अपनी सारी तकलीफें राकेश को बताते हुए कहते हैं कि वे कितनी यातनाओं से गुज़र रहे हैं, उसका दर्द वही समझ सकते हैं। अमरदीप अपनी तकलीफ बताते हुए कहता है कि एक रोज तो उसने आत्महत्या करने का निश्चय कर लिया था। इन बातों से उसके हृदय में उठने वाली चीत्कारें साफ़-साफ़ सुनाई पड़ती हैं। एक दिन उन्हें हॉस्टल के कमरे में बन्द करके पूरे दिन रखा गया था। कुछ दिन पहले ऐसे ही बस में, फाइनल के प्रणव मिश्रा ने चिल्लाकर आवाज़ लगाई कि बस में चमार कौन है। उस बस में सुभाष सोनकर नाम का विद्यार्थी था, जो चुपचाप बैठा रहा। उसके पास बैठे छात्र ने इशारे से बताया, इतने में प्रणव मिश्रा तिलमिला गया और सोनकर के बाल पकड़ कर खींच लिए और बोला, क्यों बे चमरटे, सुनाई नहीं दिया? सोनकर ने जवाब दिया कि मैं चमार नहीं हूँ। मिश्रा ने उसे ज़ोरदार थप्पड़ मारा और कहा–"चमार हो या सोनकर, ब्राह्मण तो नहीं है। है तो कोटे वाला ही, बस इतना ही काफ़ी है।"[3] उसने लात-घूंसों से मार कर

उसे अधमरा कर दिया। उन छात्रों को एक-एक दिन इसी प्रकार की यन्त्रणा से गुज़र कर जीना पड़ता था।

शिकायत करने पर दलित छात्रों को इस बात का हवाला दिया जाता है कि आरक्षण से आये हो, तो थोड़ा-बहुत तो सहना पड़ेगा। लेखक कहते हैं कि यह आरक्षण के विरोध से उत्पन्न हुआ आक्रोश है। डीन ही नहीं, प्रोफ़ेसर भी इस प्रकार की बातें करके प्रणव मिश्रा जैसे छात्रों को राह देते हैं। सुभाष सोनकर ने अपनी मेडिकल रिपोर्ट बनवाई, जिसे लेकर वह पुलिस थाने गया रपट लिखवाने के लिए, लेकिन इंस्पेक्टर ने यह कहकर रिपोर्ट लिखने से साफ़ मना कर दिया कि "यह अंदरूनी मामला है, पुलिस को क्यों घसीटते हो।"[4] ऐसी परिस्थितियों में उनके लिए एकाग्र होकर पढ़ाई कर पाना बहुत ही मुश्किल था। रमेश चौधरी ने अख़बारों में रिपोर्ट भेजी, लेकिन वहाँ उसे रैगिंग कहकर छापा गया। दलित छात्रों के साथ होने वाली ज़्यादतियों का कोई ज़िक्र नहीं था।

राकेश और रमेश ने सोचा कि डीन से मिलकर समस्या का समाधान निकालेंगे, लेकिन वहाँ भी उन्हें निराशा ही मिली। डीन ने यह कहकर बात खत्म करने की कोशिश की कि यहाँ पर दलित उत्पीड़न जैसा कुछ नहीं है। राकेश और रमेश चौधरी बौखलाकर उठ खड़े हुए। डीन की दृष्टि में दलित छात्रों का मेडिकल में आना एक घुसपैठ थी। वे अनेक अधिकारियों के पास गये, लेकिन वहाँ भी असफल रहे। दस-पन्द्रह दिन के अथक प्रयासों के बाद भी उन्हें कोई सफलता नहीं मिली। राकेश स्वयं एक अधिकारी था और वह अपना सामाजिक उत्तरदायित्व समझकर छात्रों की मदद करना चाहता था। लेकिन सरकारी अफसर ऐसे कामों से बचने की कोशिश करते थे; उन्हें भय था कि कहीं इसका असर उनके ऊपर भी न पड़ जाये। उन्हें दलित होने का भय हर वक्त सालता रहता था। यहाँ तक कि रमेश ने जुलूस निकालने की योजना भी बना ली और तारीख भी तय कर दी। लेकिन सुभाष इतना सब सहन न कर सका। हद तो तब हो गयी जब सोनकर को पहली परीक्षा में ही फेल कर दिया गया, क्योंकि उसने प्रणव मिश्रा के ख़िलाफ़ पुलिस में नामजद रिपोर्ट लिखाने का दुस्साहस किया था और डीन व अन्य प्रोफेसरों तक शिकायत पहुँचाने की हिमाकत की थी। वह यह भूल गया था कि वह इस चक्रव्यूह में अकेला फँसा था, जहाँ से बाहर आने के लिए उसे कौरवों की कई अक्षौहिणी

सेनाओं और अनेक महारथियों से टकराना पड़ेगा। परीक्षाफल के चक्रव्यूह को भेदकर सोनकर बाहर नहीं आ पाया और अन्ततः हारकर उसने आत्महत्या कर ली। लेकिन यह आत्महत्या वास्तव में आत्महत्या नहीं थी, बल्कि उन महारथियों द्वारा सोनकर की हत्या थी, जिसे आत्महत्या कहकर प्रचारित किया जा रहा था।

राकेश को जब रमेश चौधरी ने यह ख़बर बतायी तो वह बिल्कुल काँप गया। उसे विश्वास नहीं हो रहा था कि इतनी कुशाग्र बुद्धि का सोनकर आत्महत्या कर सकता है। रमेश चौधरी ने राकेश को फ़ोन करके धीर-गम्भीर आवाज़ में बोला, "राकेश साहब, कल पोस्टमार्टम के बाद सोनकर की लाश का अन्तिम संस्कार कॉलेज के मुख्य गेट पर होगा। आपमें साहस हो तो पहुँच जाना।"[5] उसने रमेश चौधरी के शब्दों की आँच को महसूस कर लिया। सोनकर की जद्दोजहद राकेश की अपनी पीड़ा बन गयी थी। वह एक झटके से खड़ा हुआ और उसने तय किया कि वह सोनकर की अन्तिम यात्रा में शामिल ही नहीं होगा बल्कि उसे कन्धा भी देगा। इसी के साथ कहानी अपने चरम उत्कर्ष पर पहुँचते हुए समाप्त हो जाती है। कहानी में, दलित छात्र लगातार अन्य छात्रों और शिक्षकों द्वारा भेदभाव और उत्पीड़न का शिकार होते हैं। वे अपने अधिकारों के लिए लड़ने की कोशिश करते हैं, लेकिन अन्त में, वे हार मान लेते हैं और आत्महत्या कर लेते हैं। कहानी का नायक, सोनकर, एक ग़रीब परिवार से आता है और उसे मेडिकल कॉलेज में आने के लिए कड़ी मेहनत करनी पड़ती है। लेकिन कॉलेज में, वह अन्य छात्रों और शिक्षकों द्वारा भेदभाव का शिकार होता है। उसे अक्सर "घुसपैठिया" कहा जाता है और उसे अपने अधिकारों के लिए लड़ने के लिए अकेला छोड़ दिया जाता है। ओमप्रकाश वाल्मीकि जी ने भारत में दलित समाज के लोगों के साथ होने वाले दलित उत्पीड़न की व्याख्या की है। लेखक बताना चाहते हैं कि कॉलेजों या अन्य संस्थाओं में इन दलितों के साथ कैसे-कैसे बर्ताव और ज्यादतियाँ की जाती हैं। कहानी 'घुसपैठिए' में दिखाया गया है कि मेडिकल कॉलेज में दलित, ब्राह्मण और अन्य सवर्ण जाति के लोगों ने अध्ययन के लिए प्रवेश लिया है। लेकिन वहाँ आरक्षण या कोटे से आये हुए दलित छात्रों के साथ बहुत बुरा व्यवहार किया जाता है। अमरदीप, विकास चौधरी, नितिन मेश्राम और सुभाष सोनकर जैसे दलित मेडिकल कॉलेज के छात्र हैं। वे मेडिकल

कॉलेज में होने वाली दिन-प्रतिदिन की कठिनाइयों से एकदम परेशान हैं। उन्हें किन-किन यातनाओं से गुज़रना पड़ता है, उसका दर्द केवल वही जानते हैं। ब्राह्मण या दूसरे सवर्ण छात्रों द्वारा दलित छात्रों को अलग खड़ा करके अपमानित करना तो रोज का किस्सा बन गया है। दलित छात्रों के प्रवेश परीक्षा के प्रतिशत अंक पूछकर थप्पड़ या घूसों से पीटा जाता है। अगर जरा भी विरोध किया तो लातों से मारा जाता है। कहने का तात्पर्य यह है कि शिक्षा के क्षेत्र तथा अन्य संस्थाओं में दलितों पर होने वाले अत्याचार में कोई कमी नहीं आयी है। वर्तमान माहौल में समाज में फैली जातिवाद जैसी समस्या के अनेक ज़िन्दा मिसाल अखबारों में प्रस्तुत किये जाते हैं। इस कथा की भाषा सामान्य होकर भी सामाजिक व्यवस्था से लड़कर कुर्बान होते दलितों के लिए सशक्त वाणी है।

ओमप्रकाश वाल्मीकि जी दलित वर्ग की पीड़ा को अपनी पीड़ा मानते हैं और यही पीड़ा 'घुसपैठिए' कहानी में मेडिकल कॉलेज में अध्ययन करने वाले दलित छात्रों की है। लेखक इस कहानी के द्वारा यह दर्शाना चाहते हैं कि आरक्षण और कोटे के विरोध की आड़ में सवर्ण छात्र किस प्रकार से दलित छात्रों के साथ दुर्व्यवहार करते हैं। ऐसी संस्थाओं में उन्हें इतनी यन्त्रणा दी जाती है कि वे आत्महत्या तक करने को मजबूर हो जाते हैं। वाल्मीकि जी यह बताना चाहते हैं कि कॉलेजों और कई अन्य संस्थाओं में दलितों के साथ भेदभाव किया जाता है। दलितों को रहने के लिए अलग कमरा और सवर्णों को अलग कमरा दिया जाता है। कहानी में बताया गया है कि मेडिकल कॉलेज के हालात ऐसे हैं कि वहाँ दलित छात्रों का पढ़ाई करना बहुत ही कठिन हो गया है। दलित छात्र कहते हैं कि कई बार तो ऐसा लगता है कि पढ़ाई छोड़कर लौट जायें, लेकिन माँ-बाप की उम्मीदें रास्ता रोककर मजबूर कर देती हैं। कॉलेज के प्रोफेसर और डीन भी प्रणव मिश्रा जैसे लोगों को राह देते हैं और इतना ही नहीं, प्रैक्टिकल परीक्षाओं में भी भेदभाव किया जाता है। ये छात्र कक्षा में उपस्थित हों या न हों, इन्हें हाजिरी की भी समस्या नहीं होती और दलित छात्र यदि इसका विरोध करें, तो उन्हें सीधे फेल कर दिया जाता है। अत: वाल्मीकि जी ने इन सारी समस्याओं को 'घुसपैठिए' कहानी में सफलतापूर्वक समकालीन सन्दर्भों के अनुरूप दर्शाने का प्रयास किया है। कहानी का अन्त सोनकर की आत्महत्या के साथ होता है, जिसे लेखक एक हत्या के रूप में

देखते हैं। सोनकर का आत्महत्या करना भारतीय समाज में दलित उत्पीड़न का एक दुखद परिणाम है।

"घुसपैठिए" कहानी दलित उत्पीड़न की एक गम्भीर समस्या को उजागर करती है। यह दिखाती है कि कैसे भारतीय समाज में दलितों को आज भी भेदभाव और उत्पीड़न का सामना करना पड़ता है। कहानी का नायक, सोनकर, एक प्रतीक है, जो दलित उत्पीड़न के शिकार लाखों लोगों का प्रतिनिधित्व करता है। कहानी के प्रमुख दलित विमर्श के मुद्दे हैं–मेडिकल कॉलेजों में दलित छात्रों के साथ भेदभाव और उत्पीड़न, दलित छात्रों के शिक्षा के अधिकार को चुनौती तथा दलित उत्पीड़न के कारण आत्महत्या। यह कहानी दलित उत्पीड़न के ख़िलाफ़ लड़ने और भारतीय समाज में दलित अधिकारों को बढ़ावा देने के लिए एक शक्तिशाली आवाज़ है।

सन्दर्भ

1. दैनिक भास्कर–ऑनलाइन समाचार पत्र
2. घुसपैठिए https://thehindisahitya.in/%e0%a4%98%e0%a5%81%e0%a4%b8%e0%a4%aa%e0%a5%88%e0%a4%a0%e0%a4%bf%e0%a4%8f-%e0%a4%95%e0%a4%b9%e0%a4%be%e0%a4%a8%e0%a5%80-%e0%a4%93%e0%a4%ae%e0%a4%aa%e0%a5%8d%e0%a4%b0%e0%a4%95%e0%a4%be%e0%a4%b6/
3. वही
4. वही
5. वही

अध्याय-7

'अस्थियों के अक्षर'- कहानी में प्रस्तुत दलित अस्तित्व संघर्ष

अनादि काल से ही शुरू हो गयी कहानी कहने की कला ही, आगे चलकर सभ्यता की यात्रा में विभिन्न श्रेणियों में मानव बँटने से स्वामी एवं सेवक के रूप में नयी अस्मिता बोध की कहानियाँ गढ़ने लगी। दासता की मानसिकता का उद्‌घाटन इन कहानियों के द्वारा हुआ। श्रेष्ठ लोगों की जमातें बनने की प्रक्रिया में समाज के अन्य लोगों के बीच हीन भावना का निर्माण होना स्वाभाविक है। यहीं से दलित अवधारणा भी जन्म लेती है। श्रेष्ठता की कसौटी परम्परागत आर्ष संस्कृति में सह-अस्तित्व से सम्भव होती थी। लेकिन बाद में वही सह-अस्तित्व ही समाज में असमानता की जड़ें इतना रूढ़ होने का कारण बन गया कि अक्सर कमज़ोर लोगों की ज़िन्दगी की क़ीमत से समाज के उच्च वर्गों का अस्तित्व-निर्माण सम्पन्न होने की स्थिति बन गयी। भारत जैसे देश का सभ्य एवं परिष्कृत समूह इस भेदभाव को सहन न कर पाया, बल्कि इस असमानता के प्रति विरोध का स्वर बुलन्द किया। विश्व भर में यह अस्तित्व संकट एवं विरोध की समस्या मौजूद है। विभिन्न नस्ल के लोगों के प्रति विरोध को खत्म करना सभ्यता का मूल है। जैसे कि रामणिका गुप्ता जी का कहना है–'दलित कहानी में दो गुणों का होना अति आवश्यक है–एक, भेदमूलक व्यवस्था का विरोध और दूसरा, परिवर्तन का संकल्प।'[1] समकालीन दलित साहित्यकारों में श्यौराज सिंह 'बेचैन' एक प्रमुख हस्ताक्षर हैं। उनकी बहुचर्चित कहानी है 'अस्थियों के अक्षर'। भेदमूलक व्यवस्था का विरोध और परिवर्तन के संकल्प की पृष्ठभूमि पर 'अस्थियों के अक्षर' को परखा जा सकता है।

श्यौराज सिंह 'बेचैन' के लेखन और चिन्तन में जातिगत गोलबन्दी और शोषण के विरुद्ध तीखी विमर्शनात्मक गूँज है। शोषणकारी व्यवस्था का वर्तमान और अतीत उनकी कहानियों में परिलक्षित होता है। ज़्यादातर वे विघटनकारी तत्त्वों को वस्तुनिष्ठ रूप से चिन्हित करने का काम करते हैं। 'बेचैन' ने अपने साहित्य में जाति व्यवस्था के सताये हुए दलित समाज की भीषण सच्चाई को सामने रखने का भरसक प्रयास किया है। दलित अधिकारों की दावेदारी बड़ी संजीदगी से करते हुए उन्होंने तथ्यमूलक दृष्टि अपनाई है। दलित साहित्यकारों ने आज़ादी के बाद ही सरकार और समाज से सवाल उठाना शुरू कर दिया था कि सवर्णों ने संसाधनों का बँटवारा, जाति को कसौटी बनाकर क्यों किया है। अस्सी और नब्बे के दशक तक आते-आते यह सवाल पूरे भारतीय सामाजिक परिदृश्य में गूँजने लगा था। विश्व के किसी भी कोने में हो, समाज को पूर्णतः सर्वसमावेशी बनाने के लिए जातिवादी-नस्लवादी-रंगवादी मानसिकता को उखाड़ फेंकना निहायत जरूरी है। 2010 में प्रकाशित 'बेचैन' का कहानी संग्रह 'भरोसे की बहन' की कहानियों के दायरे में दलित शोषण का सवाल बड़ी गम्भीरता से उठाया गया था। इस संग्रह की कहानियाँ दलितों के सामाजिक मुख्यधारा से दूरी तथा इससे उभरने वाले अस्तित्व विमर्श को प्रतिष्ठा देने वाली हैं। इन कहानियों के कथ्य से सवर्णवादी सामाजिक संरचना और उसकी गतिविधियों का पर्दाफाश होता है। इससे दृष्टिगत होता है कि किस प्रकार दलित लोगों को सामाजिक भागीदारी से बेदख़ल होना पड़ता है। 2019 में 'बेचैन' का दूसरा कहानी संग्रह 'मेरी प्रिय कहानियाँ' प्रकाशित हुआ। इक्कीसवीं सदी का दूसरा दशक निकल जाने के बाद भी दलितों को उचित अवसर और प्रतिनिधित्व नहीं दिया जा रहा है। श्यौराज सिंह 'बेचैन' इस संग्रह की भूमिका में बड़ा पैनी सवाल करते हैं कि हिन्दी कहानी आन्दोलन के सौ साल के इतिहास में कहानी लिखने वाले लेखकों ने बहिष्कृत और उपेक्षित समुदाय को अपनी कहानियों से उड़ा दिया था। बेचैन जी की दृष्टि में नयी कहानी आन्दोलन में भी 'दलित' कहानियों के पात्र हो सकते थे, लेकिन खुद लिख नहीं सकते थे। वस्तुतः समकालीन दलित लेखकों ने वर्गगत से ऊपर जातिगत शोषण को ही अपने चिन्तन और सृजन का विषय बनाया है।

सामाजिक ढाँचे को दुरुस्त करने के लिए प्रतिनिधित्व और भागीदारी पर बल देना होगा। इससे दलित समुदाय की सामाजिक और आर्थिक गतिविधियों

में कई तरह के परिवर्तन दिखायी देंगे। श्यौराज सिंह 'बेचैन' की कहानियों में सामाजिक, शैक्षिक और आर्थिक बराबरी का सवाल अहम् बनकर उभरता है। इनकी कहानियों का दावा है कि चाहे गाँव हो या महानगर, यदि दलितों को शिक्षा और अवसर नहीं दिया गया तो उनकी सामाजिक और आर्थिक स्थिति में तब्दीलियाँ नहीं होंगी। जातिगत संरचना का ढाँचा लोकतन्त्र के दायरे का विस्तार नहीं होने देता है। सवर्णवादी विचारधारा के पोषक दलितों को अधिकार और हक देने में दुविधाग्रस्त रहते हैं। 'मेरी प्रिय कहानियाँ' संकलन की 'क्रीमी लेयर' शीर्षक कहानी में यह विमर्श किया गया है कि दलितों और स्त्रियों को भागीदारी और अवसर देने के लिए सवर्ण समाज तैयार नहीं है। अत: दलितों के अस्तित्व की सम्पूर्ण स्वीकृति अब तक असम्भव ही दर्शायी गयी है। दलितों की भागीदारी और प्रतिनिधित्व को सवर्ण अधिकारों पर कुठाराघात माना जाता है। श्यौराज सिंह 'बेचैन' की 'बस्स इत्ती-सी बात' कहानी पितृसत्ता और सामंती व्यवस्था को उघाड़ने का काम करती है। इस कहानी के अनुसार दलितों और स्त्रियों के समुचित विकास के लिए पितृसत्ता और जातिवादी मानसिकता को तथाकथित आधुनिक समाज से हमेशा के लिए हटा देना आवश्यक है। 'शिष्या-बहू' कहानी में 'बेचैन' दिखाते हैं कि पितृसत्ता और जातिसत्ता ने मिलकर दलितों और स्त्रियों की हालत ख़तरे में डाल दी है। जब दलित समाज की पढ़ी-लिखी लड़की सवर्ण के घर की बहू बनकर जाती है तो पितृसत्ता और जातिसत्ता के आगे उसकी चेतना कुंद हो जाती है। असल में वर्तमान समाज के शिक्षित समझे जाने वाले अभिजनों के मानस में भी दलितों को लेकर बहुत ज्यादा परिवर्तन अभी तक नहीं आया है। 'आँच की जाँच' कहानी में एक बच्चे की जाति का पता लगाने के लिए उसके खून की जाँच करवा दी जाती है। इक्कीसवीं सदी का समाज जातिवादी मानसिकता से मुक्त न होकर मेडिकल साइंस का प्रयोग करके विज्ञान को भी धँसा देने का उपक्रम करता है। 'बेचैन' की कहानियों में वर्तमान समय में भी भीषण जाति व्यवस्था के यथार्थ का खुल्लमखुल्ला चित्रण दर्शनीय है।

'अस्थियों के अक्षर' पिछड़े वर्ग के सामाजिक यथार्थ को प्रस्तुत करने वाली गाँव अंचल की कहानी है। कहानी में शिक्षा के प्रति जिज्ञासु बालक के अधिकार एवं अस्तित्व के ध्वंस, दलित महिला के साथ होने वाले उत्पीड़न और पुरुष प्रधान समाज की निर्लज्ज मौन स्वीकृति का आख्यान किया गया

है। इसका मुख्य पात्र श्यौराज, शिक्षा ग्रहण करने के प्रति उत्सुक है, लेकिन सामाजिक मर्यादाओं के कारण उसे परिवार की स्वीकृति नहीं मिलती। लड़का परिवार से आर्थिक सहायता न मिलने के कारण मजबूर होकर चोरी की सहायता से किताब लेता है। श्यौराज और उसका सौतेला भाई रूपसिंह प्राथमिक विद्यालय के छात्र हैं, लेकिन केवल श्यौराज ही पढ़ने में कुशाग्र है, जबकि रूपसिंह प्रारम्भ से ही पढ़ाई-लिखाई से दूर रहता है। पिता भिखारीलाल से प्रधानाचार्य का कहना है, "आपका लड़का बुद्धि से बड़ा नहीं है, उम्र से बड़ा है।"[2] इससे भिखारीलाल की मानसिक चेतना में गहरी खाई पैदा होती है। श्यौराज की बौद्धिक अस्मिता की उपेक्षा की जाती है।

आम जनता के परिवार की सामाजिक और आर्थिक चेतना को समाज अप्रमुख बना दिया है। यहाँ व्यक्ति की अस्मिता अतीतबोध और सामाजिक मर्यादा से पूर्णत: ग्रस्त रहती है। सामाजिक मर्यादाएँ ही समाज में प्रत्येक वंचित, पीड़ित एवं हाशियाकृत लोगों की सुरक्षा, विवाह संस्था और अन्य भौतिक जरूरी सुविधाएँ देने में प्रतिज्ञाबद्ध हैं। भिखारीलाल सामाजिक मर्यादाओं के कारण ही श्यौराज को पढ़ाना चाहता है। लेकिन उसका इरादा सिर्फ़ यह है कि श्यौराज साक्षर बने और रूपसिंह पढ़-लिखकर कलेक्टर जैसे उच्च पदों तक पहुँचे। लेखक लिखते हैं कि "जिसे पढ़ाना चाहते हैं, वह मास्टर की नज़र में न पढ़ने वाला है और जिसे दिखावे के लिए सामाजिक दबाव से बचने के लिए स्कूल भेजते हैं, वह ठीक-ठाक है।"[3] यही दिखावे से उत्पन्न संघर्ष घर में झगड़े का एक कारण बनता है। व्यक्ति की सामाजिक ज़रूरतें पूरी न होने के कारण वह चिड़चिड़ा हो जाता है और घर पर पशुवत व्यवहार करता है। चाहे गाँव में हो या शहर में, यह आम बात है कि कई पारिवारिक झगड़े स्त्री-पुरुष के बेमेल और वैचारिक भिन्नता की स्थिति में भी पैदा होते हैं। अस्तित्व की अस्वीकृति के बीच घरेलू हिंसा की भी नौबत आ जाती है। श्यौराज की माँ एक ओर हाशियाकृत दलित समाज की सदस्या है तथा दूसरी ओर महिला भी। तत्कालीन पुरुष-चालित आंचलिक समाज में वह घरेलू हिंसा की शिकार है। परिवार की अर्थव्यवस्था को चलाने वाली होकर भी गाँव में उसकी जैसी औरतों का सम्मान नहीं किया जाता है। परन्तु पुरुषवादी समाज में अनुग्रह एवं कृपा की दृष्टि का पात्र केवल पुरुष ही है। यहाँ श्यौराज जी ने ऐसे गाँव अंचल की सामाजिक व्यवस्था का चित्र प्रस्तुत किया है जिसमें बेरोजगार

पति भी चौराहे पर बीड़ी-चाय और चिलम पीकर पूरा समय बर्बाद करता है, लेकिन औपचारिक तथा अनौपचारिक रूप से अपने आप को मुखिया घोषित किये रहता है। ये सामाजिक और शारीरिक शक्ति से खुद को प्रबल साबित करते हैं। सबसे संकट की स्थिति यह है कि तथाकथित प्रगतिशील समाज भी ऐसे अकर्मण्य पुरुष के मुखिया होने को स्वीकृति देता है। लेखक के अनुसार सप्ताह में छह दिन पति-पत्नी के बीच आपस में झगड़ा होता था। भिखारी की गन्दी जुबान और दादागिरी का जिक्र करते हुए उसने जिस प्रकार जंगली जानवर की तरह माँ की छाती पर लात जमा देना, किताबें जला देना और अड़ोस-पड़ोस के लोगों द्वारा इसका विरोध न करने का आख्यान, नि:सन्देह मार्मिक है और 'भिखारी' जैसे वर्तमान दुनिया के जीवित चरित्रों को चुभने लायक बनाता है।

दलित समाज में, विशेषकर स्त्री की स्थिति इतनी बदतर है कि आँखों पर सामाजिक मर्यादाओं की पट्टी बाँधकर उन्हें सुबह से शाम तक मज़दूरों की भाँति घुमाया जाता है। इन घरों का मालिक हमेशा पुरुष होने का दावा करता है। 'माँ' को मारता है और मारकर अधिकार जमाता है। पुरुष का जंगली एवं हिंसक रूप कहानी में भिखारीलाल और डालचन्द जैसे पात्रों के माध्यम से सामने आया है। "मेरी माँ कसाई द्वारा काटी जा रही गाय की तरह ज़ोर-ज़ोर से चीख रही थी।"[4] गाँव का सामाजिक परिवेश इतना बर्बर है कि सभी औरतें किसी-न-किसी दिन श्यौराज की माँ की तरह घरेलू हिंसा का दंश झेलने को मजबूर होती हैं। अभी भी मानवाधिकारों से वंचित अधिकतर महिलाएँ 'घरेलू हिंसा' का शिकार हैं। भिखारीलाल अपनी पत्नी को उसकी कमर पर 'फरहे' से मारता है, वह लकड़ी जिस पर चमड़ा काटा जाता है। क़ानूनी मदद न मिलने के कारण ही नहीं, बल्कि सब कुछ सहने के बाद ही मजबूरीवश कोई स्त्री दण्ड-भेद आजमाती है। ज़्यादातर महिलाएँ किसी भी तरह परिवार के भविष्य का निर्माण अपने हाथों में समझकर चुप्पी साध लेती हैं। वंचित वर्गों की महिलाओं की स्थिति इतनी भयावह है कि उनके राजनीतिक-सामाजिक परिवेश की स्थिति कमतर होने के कारण वे मानवाधिकारों तथा क़ानूनी अधिनियमों से अनभिज्ञ हैं। लेखक का आख्यान इस प्रकार है–डालचन्द ने माँ के शरीर पर लाठियाँ बरसाई थीं, सिर बचाकर सारा शरीर डल्ला ने तोड़ दिया था। माँ चीख़ते-कराहते बेहोश हो गयी थी। बीरबल बाबा की घरवाली ने मुँह

में पानी डाला, पूरी बस्ती के चमार और रास्ते से गुज़रने वाले जाट, बनिये, वामन सब जमा हो गये थे। "डल्ला तू राक्षस है। भिखारिया तूने तो अपनी बऊ को मारी ही, डल्ला से क्यों पिटवाया।"[5] इस तरह का शारीरिक उत्पीड़न किसी प्रकार की हीन ग्रन्थियों के कारण होता है, जो समझौते की अपेक्षा ही नहीं रखता। बेचारा श्यौराज अपराधबोध से पीड़ित था, मगर वही हालत जो माँ के साथ हुआ, अपने साथ भी होने के डर से चुप रहना बेहतर समझा।

बालक श्यौराज का परिवार आर्थिक-सामाजिक तंगी से जूझता है। यद्यपि सामाजिक मर्यादाओं के कारण अध्ययन में अनेक विपत्तियाँ खड़ी की जाती हैं, तथापि जिज्ञासु छात्र होने के कारण श्यौराज पढ़ाई को प्राथमिकता देता है। पूँजी के अभाव में श्यौराज ने चोरी का मार्ग चुना। चोरी का आख्यान नाटकीय ढंग से कहानी में प्रस्तुत हुआ है–"खूँटी पर डालचन्द का कुर्ता टंगा था, मैंने आगे बढ़कर इधर-उधर देखते हुए चोर की शैली में जेब टटोलना शुरू किया, लटकी हुई जेब में कुछ न था, किन्तु एक गुप्त जेब बनी हुई थी, उसमें नोट भरे हुए थे, मैंने नोटों की गड्डी को सहज से निकाला और उसमें एक नोट ढूँढ़ा, एक रुपया लेकर बाकी रुपए पूर्ववत जेब में रखकर किवाड़ बन्द कर मैं बाहर निकल गया, 'माँ' उस समय घर पर नहीं थी।"[6] बालक श्यौराज किसी भी तरह शिक्षा ग्रहण करना चाहता था। बालक होकर भी अगर वह धैर्य न रखता तो उसकी चाहत मिट्टी में मिल जाती। कहानी में सामाजिक, आर्थिक और घरेलू हिंसा मुख्य बिन्दु हैं। यह कथन आर्थिक बिन्दु पर आकर केन्द्रित होता है और यहीं से अर्थात् आर्थिक तंगी से अपराध और घरेलू हिंसा का मार्ग भी प्रशस्त होता है। कहानी दायरे की व्यापक परख करते हुए डालचन्द की चोरी, जुआ और गायों की खाल प्राप्ति हेतु की जाने वाली गैर-क़ानूनी गतिविधियों की तह तक पहुँचती है।

मानवीय करुणा और सोच-समझ से छोटे लाल और श्यौराज की माँ का अस्तित्व अतुलनीय है। इस कहानी का एक मुख्य पहलू श्रमिक वर्ग की मेहनत और परिश्रम है, जिसे छोटे लाल और श्यौराज की माँ जैसे पात्रों के माध्यम से अभिव्यक्त किया गया है। छोटे लाल, बी.पी. मौर्य (जो कांग्रेस के नेता हैं), उनके कारखाने के बेहतरीन श्रमिकों में से एक हैं, जिनकी समझ और व्यक्तित्व पर शहरीकरण का स्पष्ट प्रभाव है। वे श्यौराज की माँ की मेहनत और परिश्रम की कद्र करते हैं और उन्हें परिवार का स्तम्भ भी मानते

हैं। कहानी में आरम्भ से अन्त तक विद्यमान श्यौराज का बाल-अस्तित्व कथा का मेरुदंड है। इस कहानी का कथा-वक्ता श्यौराज है। जहाँ कथा का कोई पात्र यदि ध्यान केन्द्रित करता है, वह 'मैं', यानी श्यौराज होता है। उसकी निगाह से पाठकों को पूरी कहानी का आन्तरिक परिवेश तथा जीवित-अजीवित चीज़ें दिखायी और अनुभूत होती हैं। "जहाँ ऐसा न हो, यानी निगाह इन पात्रों से बाहर कहीं हो, वहाँ 'जीरो फोकलाइजेशन', जिसे बाद में कुछ आख्यान-शास्त्रियों ने 'एक्सटर्नल फोकलाइजेशन' कहा।"[7] कहानी कहने की कला में लेखक का सामर्थ्य उसके आन्तरिक एवं बाह्य रूपविधान से स्पष्ट होता है।

पात्रों का अस्तित्व-बोध उनकी भाषा से स्पष्ट रूप से परिलक्षित होता है। कहानी में पात्रों की भाषिक संरचना पर लेखक का ध्यान विशेष रूप से महत्त्वपूर्ण है। शिक्षित वर्ग की भाषा शुद्ध एवं परिष्कृत है, मगर चरित्रगत निम्नता का उद्घाटन करने के लिए भिखारीलाल की भाषा देशज शब्दों से भरपूर है, जैसे–"ससुरी के गे ये (ये) कलहर बनैगो, मास्टर हू निशा (निगाह) में ससुरो तेज है, सारे सबद याद तक लिए।"[8] इस तरह की देशज भाषा एक ओर कहानी की ग्रामीण पृष्ठभूमि को सामने रखती है, तो दूसरी ओर उसके गौरवपूर्ण भाव-पक्ष को भी उद्घाटित करती है। कथा का केन्द्र वह समाज है जहाँ दलित-शोषित वर्ग के साथ अन्य सभी वर्ग के लोग भी मौजूद हैं। हालाँकि कहानी का भाव पक्ष विशेष रूप से दलित परिवार और पारिवारिक अन्त:सम्बन्धों को लेकर लिखा गया है। कहानी में पारिवारिक समस्याओं और आन्तरिक कलह का उल्लेख करते हुए उसकी परिधि में घरेलू हिंसा, चोरी और शिक्षा जैसी केन्द्रीय समस्याओं पर विचार किया गया है।

कहानी उन तमाम समस्याओं पर गहराई से सोचने को विवश करती है, जहाँ से इन समस्याओं की उत्पत्ति होती है। यहाँ एक अतार्किक और तर्क से परे समाज की ओर संकेत मिलता है, जो शताब्दियों से दलित एवं पिछड़े वर्ग को आर्थिक और सामाजिक रूप से चोट पहुँचाता रहा है। उनकी प्रगतिशीलता को रोकने वाला सबसे बड़ा हथियार 'शिक्षा तथा सामाजिक चेतना' उनसे कोसों दूर है। वंचित वर्ग तभी क़ानून का सही उपयोग कर सकता है, जब उसके पास गुणवत्तापूर्ण शिक्षा हो। इस कहानी में 'अक्षर' शिक्षा का प्रतीक है तथा रक्त और माँस के भीतर की असीम अभिवांछा 'अस्थियाँ' हैं, जो हाशिए पर खड़े व्यक्ति की पहचान बनती हैं। जहाँ प्रारम्भिक शिक्षा को लेकर ही

पारिवारिक संघर्ष है, वहाँ समाज का हस्तक्षेप नाममात्र का ही रह जाता है। यह संघर्ष, समाज के प्रभावशाली वर्ग से पहले, स्वयं के परिवार में उत्पन्न कलह और द्वेष का संघर्ष है। इस प्रकार की बाधाएँ गुणवत्तापूर्ण जीवन को सोद्देश्य बनाने और लक्ष्य तक पहुँचने की राह को दुर्लभ बना देती हैं, साथ ही क़ानूनी सहायता पाने और क़ानून की समझ से भी उन्हें दूर ढकेलती हैं। प्रत्येक चरित्र का अस्तित्व पल भर के लिए ही सही पाठक को चिन्तित करता है। श्यौराज जी ने बरसों बाद जीवन के विभिन्न क्षणों को अस्तित्व-बोध से जागृत होकर वाणी दी है, जो निश्चय ही समाज के सामने मानवाधिकार की कई ज्वलंत समस्याओं को उद्घाटित करती है।

सन्दर्भ

1. सं. रमणिका गुप्ता, दलित कहानी संचयन, पृ.-7
2. सं. रमणिका गुप्ता, दलित कहानी संचयन, पृ.-72
3. वही, पृ.-72
4. वही, पृ.-75
5. वही, पृ.-75
6. संपा. रमणिका गुप्ता, दलित कहानी संचयन, पृ.-74
7. संजीव कुमार, हिन्दी कहानी की इक्कीसवीं सदी, भूमिका से, पृ.-6
8. सं. रमणिका गुप्ता, दलित कहानी संचयन, पृ.-72

अपनी माटी अंक-34, अक्टूबर-दिसम्बर 2020

अध्याय-8

'मरंग गोड़ा नीलकंठ हुआ'-उपन्यास में चित्रित आदिवासियों का मानवाधिकार

मनुष्य के मनुष्य होने के नाते क्या अधिकार हैं और उन अधिकारों की रक्षा कैसे की जाये, यह सवाल जितना बड़ा है, उतना ही पेचीदा भी। इस सवाल पर दुनिया भर में चर्चा हुई है। बहुसंख्यक देशों में मानवाधिकार आयोग बने हैं। राष्ट्र संघ का युद्ध के बाद यह दूसरा मुखर इलाका है। मानवाधिकार को आज एक महत्त्वपूर्ण मुद्दे के रूप में देखा जा रहा है। उन देशों में, जहाँ अब भी गुलामी, भेदभाव और सामुदायिक उत्पीड़न के अवशेष मौजूद हैं या जहाँ बड़े पैमाने पर सरकारी दमन होता है और असहमति की आवाज़ें कुचल दी जाती हैं, वहाँ मानवाधिकार आन्दोलन से जुड़े लोग अधिक सक्रिय हैं और यह आन्दोलन तेजी से फैला है।

वर्जीनिया में 1776 में पारित 'बिल ऑफ राइट्स' से लेकर 'मानवाधिकारों की अन्तर्राष्ट्रीय घोषणा-पत्र' (विएना, 1948) तक, मानवाधिकार आन्दोलन ने निश्चय ही एक लम्बा सफर तय किया है। परन्तु 21वीं सदी में इस मुद्दे को और व्यापकता के साथ समझने की आवश्यकता है। वर्जीनिया के 'बिल ऑफ राइट्स' में लगभग ढाई सौ साल पहले कहा गया था कि "हर व्यक्ति प्राकृतिक रूप से स्वतन्त्र और समान है। उसके कुछ ऐसे प्राकृतिक अधिकार हैं, जो समाज का अंग बनते ही उसे प्राप्त हो जाने चाहिए।" इन अधिकारों से उसे वंचित नहीं किया जा सकता। इनमें सम्पत्ति अर्जित करने, उसका स्वामी होकर जीवन जीने, स्वतन्त्रता का उपभोग करने और प्रसन्न रहने के अधिकार शामिल हैं। इसके अतिरिक्त, सुरक्षित जीवन और दमन के प्रतिरोध का अधिकार भी इनमें निहित हैं। उस समय से लेकर विएना सम्मेलन तक,

मानवाधिकार की लड़ाई पर दुनिया भर में अनेक कोणों से बहस हुई और अन्ततः मानवाधिकार को एक नैतिक अधिकार के रूप में प्रतिष्ठा मिली। अब यह मनुष्य द्वारा मनुष्य से बराबरी के सम्मान की माँग है। इस आन्दोलन की केन्द्रीय चिन्ता यही है कि मानव को परिधि से हटाकर केन्द्र में लाया जाये, अर्थात् वैश्विक स्तर पर व्यक्तिगत स्वतन्त्रता और गरिमा को मान्यता दी जाये। यह भी देखा गया है कि एक समय मानवाधिकार आन्दोलन का मुख्य निशाना साम्यवादी देश थे, परन्तु अब ये एशियाई देशों की ओर केन्द्रित हो गया है, क्योंकि इन देशों में दमन के अनेक रूप अब भी मौजूद हैं। आज मानवाधिकार आन्दोलन एक ठोस अन्तर्राष्ट्रीय व्यवस्था का रूप ले चुका है, जबकि दुनिया भर में मानवाधिकार हनन पहले से अधिक बढ़ गया है। इस मुद्दे पर प्रशासनिक सक्रियता और मानवाधिकार आयोगों के साथ उसका सहयोग बहुत कमज़ोर है। अधिकतर स्थानों पर केवल आश्वासन दिये जाते हैं, सांत्वना-भरी बातें होती हैं। इस कारण, राष्ट्रीय मानवाधिकार आयोग में हजारों मामले वर्षों तक झूलते रहते हैं और केवल सुनवाई चलती रहती है। इतना ढीला-ढाला रवैया है कि मानवाधिकार की नयी व्याख्याएँ इन आयोगों के दायरे से बाहर ही रह जाती हैं। कुछ गैर-सरकारी मानवाधिकार संगठन अवश्य सक्रिय हैं, कुछ आवाज़ उठाते हैं, कुछ अरण्यरोदन करते हैं और कुछ तो केवल विदेशों से धन जुटाकर इस आन्दोलन को एक तरह की आतिशबाज़ी बना देते हैं।

मानवाधिकार हनन की व्यापकता और आज के समय में मानवाधिकारों की स्थिति इस बात पर निर्भर करती है कि इनकी व्याख्या किस तरह की जाती है। खाद्य सुरक्षा, स्वास्थ्य और शिक्षा के अधिकार अब तक मानवाधिकार के अन्तर्गत पूर्ण रूप से शामिल नहीं हो सके हैं। क्या किसानों को अपनी कृषि भूमि पर जब तक चाहें अधिकार बनाये रखने का अधिकार, आदिवासियों को उनके जल, जंगल और ज़मीन पर अधिकार अथवा किसी समुदाय को अपने पारम्परिक ढंग से जीवन जीने का अधिकार, मानवाधिकार के अन्तर्गत नहीं आना चाहिए? जीवन जीने का अधिकार मानवाधिकार का सबसे बड़ा मुद्दा है, तो फिर गोली से मारे जाने से बचने का अधिकार क्यों न हो? युद्ध की विभीषिका से बचने को मानवाधिकार क्यों नहीं माना जाना चाहिए? 'स्लटवॉक' के सन्दर्भ में यह सवाल उठा कि स्त्री अपनी इच्छा के अनुसार

कपड़े क्यों नहीं पहन सकती? केवल उसके सेक्सी दिखने भर से किसी को बलात्कार करने की स्वतन्त्रता कैसे मिल सकती है? कन्या भ्रूण हत्या जैसे मामलों में कन्याओं को उनके मानवाधिकार कौन देगा? दरअसल, सामंती क्रूरताओं के पक्ष में तरह-तरह की दलीलें दी जाती रही हैं। एक और गम्भीर मुद्दा यह है कि आमतौर पर पिछड़े और ग़रीब लोगों के इलाके ही परमाणु ऊर्जा संयंत्रों या बहुराष्ट्रीय परियोजनाओं के लिए चुने जाते हैं। ऐसे इलाकों में मानवाधिकारों का हनन होता है या नहीं, यह एक अहम् सवाल है। भारत भर में अब एक नया शोर उठा है। बिहार सरकार में यह चर्चा हुई कि जेल से सजा पूरी करके लौटे व्यक्तियों को फिर से समाज की मुख्यधारा में शामिल होने से रोका जाये, ताकि लोग अपराध करने से पहले डरें। राज्य के मानवाधिकार आयोग ने इस प्रस्ताव का विरोध करते हुए कहा कि एक बार अपराध कर लेने मात्र से कोई व्यक्ति पूरी ज़िन्दगी के लिए अपराधी नहीं बन जाता। हर व्यक्ति को अपना जीवन सम्मानपूर्वक जीने का मौलिक अधिकार है। सजायाफ़्ता अपराधी भी अपनी नयी ज़िन्दगी शुरू कर सकता है; उसे इस संवैधानिक अधिकार से वंचित नहीं किया जा सकता। सरकार द्वारा ऐसे प्रस्ताव अपराध के विरुद्ध अपनी प्रतिबद्धता को बढ़ा-चढ़ाकर पेश करने के उद्देश्य से दिये जाते हैं। ऐसे मौकों पर मानवाधिकार आन्दोलन को मुखर होने में संकोच नहीं करना चाहिए।

वैश्वीकरण के युग में मानवाधिकार का एक महत्त्वपूर्ण मुद्दा विकास के अधिकार से सम्बन्धित है। इस मुद्दे को मानवाधिकारों में शामिल किया जाना चाहिए। आखिरकार, एक विलासबहुल विकसित सभ्यता में किसी गाँव, पहाड़, रेगिस्तान या जनजातीय क्षेत्र को पिछड़ा नहीं छोड़ा जा सकता। संचार क्रान्तियाँ असहमति की आवाज़ों को राह नहीं दे रही हैं तो यह मानवाधिकारों का हनन है। धार्मिक और राजनीतिक क्रूरताओं के अलावा, बाज़ार की तानाशाही से जुड़े प्रश्न भी सामने आ रहे हैं। बाज़ार की नैतिकता केवल एक ही चीज़ जानती है कि व्यापार कैसे बढ़े और अधिक से अधिक मुनाफा कमाया जाये। ऐसी परिस्थितियों के कारण मानवाधिकारों की व्याख्या में विस्तार लाने की आवश्यकता है।

मानवाधिकारों का एक सर्वमान्य वैश्विक रूप है, जो मूलत: पश्चिम के पूँजीवादी मस्तिष्क की चिन्ता का विषय रहा है। पश्चिमी बुद्धिजीवियों के लिए

सर्वमान्य का अर्थ अक्सर यह होता है, "सबसे पहले जो पश्चिम को मान्य हो।" इसका संकेत जॉन स्टुअर्ट मिल के प्रसिद्ध निबन्ध 'स्वतन्त्रता' से भी मिलता है, "मानव जाति के विकास के साथ ऐसे सिद्धान्त विकसित होंगे, जिन पर अन्ततः कोई मतभेद या सन्देह नहीं रहेगा। सभी मनुष्यों की अच्छाई इससे परखी जायेगी कि उनके पास ऐसे कितने शक्तिशाली सत्य हैं, जो बिना विरोध के सर्वमान्य हो जायें।" हाल का सबसे बड़ा सर्वमान्य सच वैश्वीकरण है, जिसे सभी देशों ने किसी न किसी रूप में स्वीकार किया है। परन्तु वास्तविकता यह है कि युद्ध कभी पश्चिमी देशों के मोर्चे पर नहीं होते। किसान आत्महत्याएँ वहाँ नहीं होतीं। कुपोषण और खाद्य असुरक्षा पश्चिमी देशों में लगभग नगण्य है। हिंसक जातीय विद्वेष वहाँ उतनी गहराई से उपस्थित नहीं है। एशियाई, लैटिन अमेरिकी और अफ्रीकी देशों की तरह भयंकर विषमता भी पश्चिमी देशों में नहीं पायी जाती। यदि इसके बावजूद वैश्वीकरण का वर्तमान इकहरा रूप एक सर्वमान्य सत्य माना जाता है, तो यह सोचना आवश्यक हो जाता है कि यह वस्तुतः किनके लिए महान सत्य है और किनके लिए विपत्ति। जिनके लिए यह विपत्ति है, वे स्वाभाविक रूप से इस पर सन्देह करेंगे। और ठीक उसी प्रकार का सन्देह मानवाधिकारों की इकहरी वैश्विक धारणा पर भी सम्भव और उचित है।

वैश्वीकरण के दो साल बाद, 1993 में मानवाधिकारों के अन्तर्राष्ट्रीय सम्मेलन में यह विवाद शुरू हुआ कि मानवाधिकारों का कोई एकरेखीय वैश्विक रूप नहीं हो सकता। अतः एशियाई देशों के सन्दर्भ में मानवाधिकारों को पुनर्परिभाषित किया जाये। मानवाधिकार के विकास का इतिहास अलग-अलग देशों में अलग-अलग है। पश्चिम और पूर्व की सभ्यताओं में फर्क है। पश्चिमी देशों में यदि व्यक्तिगत अधिकार और वैयक्तिक कर्तव्य की प्रधानता है, तो पूर्व में सामुदायिक अधिकार और सामुदायिक कर्तव्य की। एशिया की परम्परागत संस्कृतियों में इस तरह की सोच नहीं है कि व्यक्ति समुदाय के ऊपर है। एशियाई सांस्कृतिक परम्पराओं में व्यक्ति आमतौर पर किसी जातीय, जनजातीय समूह या मजहबी समुदाय का हिस्सा होता है। इन वास्तविकताओं की रोशनी में देखें तो यह बात सामने आती है कि मानवाधिकार को एकरेखीय वैश्विक कोण से नहीं देखा जा सकता। मानवाधिकार से सम्बन्धित कोई भी विचार सांस्कृतिक विविधता के सन्दर्भ को हटाकर सार्थक नहीं हो सकता।

मानवाधिकार आन्दोलन एक महत्त्वपूर्ण कार्य है, पर इसमें परोक्ष रूप से दुनिया पर पश्चिमी मूल्यों को थोपने का अभियान भी मौजूद है। वैश्विक मानवाधिकारों को लेकर चिन्ता के साथ पिछले दो-तीन दशकों में सांस्कृतिक बहुलता या 'बहुसांस्कृतिकता' को भी व्यापक स्वीकृति मिली है। विकसित देशों और उभरती हुई अर्थव्यवस्थाओं, दोनों जगह बहुसांस्कृतिकता के पक्ष में अक्सर बोला जाता है। यह अलग बात है कि कुछ पश्चिमी देशों में यदि कोई सिख पगड़ी पहनता है या मुस्लिम औरत बुर्का पहनती है तो इसे निषिद्ध ठहरा दिया जाता है। पश्चिमी देशों में अपनी ही संस्कृति को श्रेष्ठ समझने की आदत है, जबकि वहाँ भी नस्लीय दंगे हो रहे हैं और हिंसा बढ़ रही है। पश्चिमी दुनिया में मानवाधिकारों पर इस तरह बात होती है मानो वहाँ ऐसी कोई समस्या न हो और मानवाधिकार के लिए संघर्ष के इलाके सिर्फ़ एशियाई देश हों। पश्चिमी देश मानवाधिकार, स्वतन्त्रता और गरिमा पा चुके हैं और दूसरे देश इनसे वंचित हैं, यह धारणा बना ली गयी है। यह भी मान लिया गया है कि पश्चिमी देश सदा से उदारवादी हैं और गैर-पश्चिमी देश सदा से कट्टर। ऐसा नहीं है कि गैर-पश्चिमी देशों में जो सामुदायिक खाइयाँ और कट्टरता हैं, वह साम्राज्यवादी निर्मिति हैं। सिर्फ़ मानवाधिकार का प्रश्न उठाकर इस समस्या का समाधान नहीं हो सकता। इसके लिए पश्चिमी सोच और रणनीति में बुनियादी सुधार की ज़रूरत है। यह सोचना पर्याप्त नहीं है कि गैर-पश्चिमी देशों को, अंग्रेज़ी राज में जिस तरह 'सभ्यता' दी जा रही थी, उसी तरह अब इन्हें 'मानवाधिकार' की ज़रूरत है। यह ध्यान देने योग्य है कि मानवाधिकार की ज़रूरत बहुराष्ट्रीय कम्पनियों के निर्दय बाज़ारू साम्राज्यवाद के सन्दर्भ में भी है। मानवाधिकार हनन के प्रत्यक्ष रूपों के अलावा कई अप्रत्यक्ष रूप भी हैं। वैश्वीकरण के सन्दर्भ में 'मानवीय चेहरे' की अनिवार्यता बार-बार घोषित की गयी है। मानवाधिकार के नाम पर सिर्फ़ व्यक्तिवाद या स्वेच्छाचारिता पनपाने की योजना भी दृष्टिगत होती है, ठीक वैसे ही जैसे वैश्वीकरण के 'मानवीय चेहरे' के पीछे विषमता बढ़ाने की योजना छिपी होती है।

समसामयिक सन्दर्भ में यह विचार करना अनिवार्य है कि मानवाधिकारों का परम्पराओं से क्या सम्बन्ध हो, मानवाधिकार आन्दोलन विविध सांस्कृतिक परम्पराओं को कैसे सम्बोधित करे और मानवाधिकारों को कैसे पहचाना जाये। काफ़ी लोगों को यह तक पता नहीं है कि मानव होने के नाते उनके

क्या-क्या अधिकार हैं और क्या हो सकते हैं। बड़े शहरों को छोड़ दें तो छोटे शहरों और गाँवों में मानवाधिकारों को लेकर जागरूकता का बहुत बड़ा अभाव है। मानवाधिकार की जिला अदालतों में मामले ही नहीं आते। इसलिए मानवाधिकारों के लिए जागरूकता अभियानों की ज़रूरत है और साथ ही यह भी समझना होगा कि नयी स्थितियों में मानव के कर्तव्य क्या हैं। स्वतन्त्रता, भाईचारा और न्याय केवल पश्चिमी अवधारणाएँ नहीं हैं। इनका आधार विश्व के सभी महान धर्मों में है। 'महाभारत' में कहा गया है, "दूसरे के साथ ऐसा कुछ न करो, जो अगर तुम्हारे साथ हो तो तुम्हारा नुकसान हो।" ऐसे कथन हिन्दू, ईरानी, बौद्ध, ईसाई, चीनी, इस्लामी और सिख, हर परम्परा में मिलते हैं। मानवाधिकार का एक सार्वभौम रूप सम्भव है, उसी तरह जैसे आधुनिकता की एक सामान्य या साझा संस्कृति सम्भव है। लेकिन वर्तमान में आधुनिकता के नाम पर हमें पश्चिमी आधुनिकता ही दिखायी देती है, जो खुदगर्जी, व्यक्तिवाद और अति-व्यक्तिवाद की ओर ले जाती है। मानवाधिकार को पश्चिमी व्यक्तिवाद या स्वेच्छाचारिता में सीमित नहीं किया जा सकता।

मानवाधिकार व्यक्ति को ऐसी निजता का स्पेस भी दे सकता है जिसमें वह गलत सौदे करे, मनमानी करे और कोई उसे देख न पाये। फिर ऐसे में यह प्रश्न उठता है, आतंकवादियों और माओवादियों के फ़ोन क्यों न टेप किये जायें? जाहिर है, मानवाधिकार का अर्थ गलत मुनाफा कमाना, अन्यायपूर्ण ढंग से विकास करना या वैश्वीकरण की राह से मनुष्य के जीवन, रोजगार और जल-जंगल-ज़मीन के अधिकार छीनना नहीं हो सकता। वैश्वीकरण की छाया में हो रहे परिष्कृत आर्थिक अत्याचारों को इसमें खड़ा करना चाहिए।

मानवाधिकार का मतलब केवल व्यक्ति की निजी स्वतन्त्रता के क्षेत्रों का विस्तार भर नहीं है। इसके कुछ सामाजिक पहलू भी हैं, क्योंकि मानवाधिकार का अर्थ राष्ट्रीय और सामाजिक ज़िम्मेदारियों से मुक्त होना नहीं है। मानवाधिकार का अर्थ स्वेच्छाचारिता नहीं है, बल्कि न्याय का अधिकार है। यह भी महत्त्वपूर्ण है कि 'न्याय' शब्द का मन मुताबिक, सीमित अर्थ निकालना उचित नहीं है, न्याय को उसके पूर्ण अर्थ में समझना होगा। आज वैश्वीकरण के 'मानवीय चेहरे' की जो बात होती है, वह मानवाधिकार की भावना से ही निकली है। यही कारण है कि बहुराष्ट्रीय कम्पनियाँ ग़रीबी और विषमता को सम्बोधित करने के लिए नये-नये नाटक रचती हैं। फलस्वरूप

मानवाधिकार दिखावटी मानवीय चेहरे में सिमट जाता है, वह एक नकाब बन जाता है। इसी तरह, यदि समाज में सामुदायिक दमन के रूप अब भी बचे हैं, तो मानवाधिकार का अर्थ अस्मिता की राजनीति के तहत सम्पूर्ण राष्ट्र या समाज को विघटित कर देना नहीं हो सकता। इसका अर्थ उसकी पुनर्कल्पना और उसे नया आकार देना होना चाहिए और यह एक व्यापक सामूहिक सामाजिक आन्दोलन के बिना सम्भव नहीं है।

सोशल नेटवर्किंग के सन्दर्भ में कम चिन्ता व्यक्त नहीं की जाती। कहा जाता है कि नेटवर्क से आपत्तिजनक चीज़ों को तुरन्त हटा लेना चाहिए, क्योंकि इनसे लोगों की भावनाएँ आहत होती हैं। इस जगह पर भी मानवाधिकार का प्रश्न उठता है—क्या हटाया जाये और क्या रखा जाये, यह कौन तय करेगा? दूसरा, रोज लाखों चीजों से गुज़रना सम्भव नहीं है, कुछ प्रतीकात्मक अवरोध भले सम्भव हों। वैश्वीकरण को न्यायसंगत बनाने की जगह उससे निराशा में गुस्से, विद्वेष, खीझ और किस्म-किस्म के असन्तोषों को दबाने की योजना बनाना स्वयं एक खीझ से भरी सोच है। टेक्नोलॉजी के दुरुपयोग से बचना, विकसित होती जा रही तकनीकी दुनिया में लगातार मुश्किल होता जायेगा। इसका मनुष्य के नियन्त्रण से बाहर जाना स्वयं मानवाधिकार-हनन का मामला है।

आमतौर पर मानवाधिकारों को एकरेखीय वैश्विक रूप में देखकर सांस्कृतिक विविधता की अवहेलना की जाती है। दरअसल हम 'स्थान' की अवहेलना नहीं कर सकते, 'परम्पराओं' की अवहेलना नहीं कर सकते। आज 'स्थान' और 'परम्पराओं' की उपेक्षा इसलिए भी मुश्किल है कि वैश्वीकरण के अत्याचारों के बीच साँस लेने की थोड़ी जगह बस यहीं होती है। यह जगह शहरातियों को पिछड़ी लग सकती है, पर कई बार 'स्थान' और 'परम्पराएँ' अधिक उदात्त और मूल्यवान होती हैं – वे हमेशा निर्दय जगहें नहीं होतीं। मानवाधिकारों के सन्दर्भ में 'स्थान' और 'परम्पराओं' को महत्त्व देने का यह अर्थ नहीं है कि लम्बे समय से चली आ रही बाल विवाह, साम्प्रदायिक और जातिवादी भेदभाव, धार्मिक अन्धविश्वास, 'ऑनर किलिंग' या क्षेत्रीय-जातीय हिंसा जैसी चीज़ों का समर्थन किया जाये। मानवाधिकारों को 'स्थान' या सांस्कृतिक विविधता के सन्दर्भ में देखने का अर्थ सिर्फ़ यह है कि 'स्थान' के असन्तोषों, पर्यावरण-क्षय और नये जमाने में उच्च आदर्शों के हो रहे

तेजी से पतन को भी समझा जाये, क्योंकि मानवाधिकार के नाम पर कई बार व्यक्तिवाद, खुदगर्जी और वित्तीय स्वेच्छाचारिता को मौका मिलता है। खासकर वे देश जो लम्बे समय तक औपनिवेशिक ज्यादतियों के शिकार रहे हैं, उन्हें अपनी राष्ट्रीय भाषाओं और सांस्कृतिक परम्पराओं से न केवल एक पहचान मिलती है, बल्कि उनकी सोच भी आकार पाती है। हमें मानवाधिकारों के दायरे को विस्तृत करते हुए देखना होगा कि पश्चिमी सांस्कृतिक आक्रमण के विरुद्ध अपनी-अपनी भाषा और संस्कृति से सम्बन्धित अधिकारों को मानवाधिकार में कैसे शामिल किया जा सकता है। ख़ासकर तब, जब बहुभाषिकता और बहुसांस्कृतिकता की बार-बार दुहाई दी जा रही हो, पर एक ही भाषा अंग्रेज़ी और एक ही संस्कृति पश्चिमी संस्कृति छाती जा रही हो। गैर-पश्चिमी संस्कृतियों को गरिमा देते हुए मानवाधिकार आन्दोलन को इस तरह समावेशी बनाया जाना चाहिए कि यह महज एक पश्चिमी अभियान न लगे। यह बार-बार देखा गया है कि पश्चिम के लोग गैर-पश्चिमी सांस्कृतिक परम्पराओं को समझना नहीं चाहते। मानवाधिकारों का गैर-पश्चिमी सांस्कृतिक परम्पराओं से सम्बन्ध स्थापित किये बिना और वैश्वीकरण के परिदृश्य में सामने आयी नयी क्रूरताओं को मुद्दा बनाये बिना मानवाधिकार आन्दोलन में व्यापकता नहीं लायी जा सकती। हम निश्चय ही तब स्वतन्त्रता, भाईचारा और न्याय के उच्चतर लक्ष्यों की ओर नहीं बढ़ सकते। मानवाधिकार के भीतर आदिवासियों और जनजातियों को लेकर चिन्ताएँ हैं, स्त्रियों और दलितों को लेकर चिन्ताएँ हैं और कश्मीर या पूर्वोत्तर की अशान्ति को लेकर भी चिन्ताएँ हैं। निश्चय ही मानवाधिकार की धारणा स्थिर नहीं है। इसका सम्बन्ध सभी स्थानों, सभी समुदायों और सभी सांस्कृतिक परम्पराओं से है ही, साथ ही नये मुद्दों से भी है।

वैश्वीकरण के जमाने में ही मानवजाति सर्वाधिक खण्ड-खण्ड हो रही है। अब 'मानवीय आत्मसम्मान' और 'मनुष्यता' पर कहीं सामूहिक रूप से ज़ोर नहीं दिया जाता और न ही 'आर्थिक शोषण' जैसे शब्द चर्चा में हैं। कुछ मुद्दे हमारे सोच के हाशिए पर चले गये हैं। ऐसी घड़ी में मानवाधिकार को 'विकास' के साथ-साथ 'परम्परा' के सन्दर्भ में भी देखना चाहिए। यदि हम भारतीय साहित्य की परम्पराओं पर एक नज़र डालें तो सबसे पहले भक्ति आन्दोलन में मानवीय आत्मसम्मान, मानवजाति की एकता और आत्मोद्धार का स्वप्न

पाते हैं। भक्ति आन्दोलन में वैयक्तिकता के साथ 'निर्वैर', 'सामासिकता' और 'मानवजाति की अखण्डता' सबसे महत्त्वपूर्ण मूल्य हैं। 11वीं सदी में रामानुजाचार्य हुए थे। वह कहते थे–"चाँदी और सीप दो वस्तुएँ हैं। किसी में किन्हीं तत्त्वों की कमी है, किसी में किन्हीं तत्त्वों की। इसके बावजूद चाँदी के कुछ तत्त्व सीप में विद्यमान हैं। समानता के ये अंश दोनों की आंशिक एकता के द्योतक हैं।" रामानुज ने एकता को महत्त्व दिया। वह चाँदी के क़ीमती और सीप के मूल्यहीन होने के पचड़े में नहीं गये। समझना चाहिए कि मानवाधिकार की लड़ाई की एक समृद्ध परम्परा है। वेदांत, बौद्ध धर्म और भक्ति आन्दोलन के समय में कई विषमताओं के बीच भी मानवाधिकार की चेतना आदर्शवादी रूप में विद्यमान थी। पहले भी आवाज़ें उठी थीं। भक्त कवि बसवण्णा, ज्ञानेश्वर, कबीर, चैतन्य महाप्रभु, रैदास, मीरा आदि अपने समय के कठोर धार्मिक ढाँचे से असहमत लोग थे। सूफी भी असहमत लोग थे, कई अपने विश्वास के लिए फाँसी पर झूल गये।

राजा राममोहन राय (1774-1833) ने 'पृथ्वी के मनुष्य का आम अधिकार' नामक टिप्पणी में लिखा–"सभी मनुष्य, एक सम्प्रदाय के अनुयायी न होने के बावजूद, इस संसार में तारों का प्रकाश, वसन्त का आनन्द, वर्षा की जलधारा, शारीरिक स्वास्थ्य एवं आर्थिक स्वच्छंदता, देह और मन का सौन्दर्य आदि इस धरती पर प्राप्त होने वाली सभी चीजें नैसर्गिक आशीर्वाद की तरह पाते हैं। इसी तरह मनुष्य सर्व-धर्मनिरपेक्ष रूप से एक ही तरह की असुविधाएँ, दर्द, अंधकार और शीतलहरी, मानसिक व्याधि, आर्थिक दैन्य, देह और मन की विकृति आदि दशाओं से समान रूप से गुज़रते हुए इस पृथ्वी पर वास कर रहे हैं।" यह नवजागरण के उस दौर की विश्व-चिन्ता है जिसमें आम मानवाधिकार भी एक केन्द्रीय मुद्दा था। बंकिमचन्द्र (1838-1894) ने 'साम्य' शीर्षक निबन्ध में लिखा, "प्रत्येक मनुष्य के अधिकार समान हैं–साम्य नीति यही है। स्त्रीगण भी मनुष्य जाति है, अतएव स्त्रीगण को भी पुरुषों जैसे अधिकार मिलने चाहिए।" बंकिम का ध्यान दलितों की ओर भी गया। नवजागरण की आम मानवाधिकार की धारणा में स्त्री और दलित मुद्दे जुड़े।

दलितों के लिए लड़ने वाले जोतिबा फुले (1827-1890) ने जागरूक समाज सुधारकों की तारीफ करते हुए गुलामगीरी (1873) की प्रस्तावना में लिखा–"इस परोपकारी बुद्धिजीवी वर्ग का हमें दासता से मुक्ति दिलाने में

कोई स्वार्थ नहीं है, बल्कि उसे प्राणों की बाजी लगाकर यह कार्य करना पड़ रहा है। इस विषय पर सोचने से यह बात ध्यान में आती है कि मनुष्य मात्र को अपनी वैचारिक एवं आर्थिक आज़ादी पाने का पूरा हक है।" इस कथन से यह सन्देश मिलता है कि मानवाधिकार आन्दोलन को यदि तीव्र करना हो तो समाज सुधार के कार्यों को एक बार फिर हाथ में लेना होगा। सामाजिक चेतना के लिए अग्रसर हुए बिना मानवाधिकार आन्दोलन एक सतही मामला होकर रह जायेगा।

वर्तमान समाज और जीवन बहुत ही जटिल एवं संकीर्ण हैं। इसका प्रमुख कारण बढ़ती आ रही सामाजिक समस्याएँ हैं। उत्तर-आधुनिक औपनिवेशिक समाज में व्यक्ति को बहुत सारी मानसिक पीड़ाएँ सहनी पड़ती हैं जिनसे समाज पूरी तरह वाकिफ नहीं होता। हाशिएकृत समाज के दलित, आदिवासी, बच्चे, बूढ़े, विकलांग, नारी और भिन्न-लैंगिक लोग हमेशा अपने मानवीय अधिकारों से वंचित रहते हैं। मृदुला गर्ग, मधु कंकरिया, अनामिका, अलका सरावगी, महुआ माजी आदि कई लेखिकाओं ने इस विषय पर अपनी लेखनी चलायी है। मुख्य रूप से औरत की समस्याओं को ही उभारने वाली इन लेखिकाओं ने मानवाधिकार के विभिन्न पहलुओं को भी पकड़ने की कोशिश की है।

'मरंग गोड़ा नीलकंठ हुआ' में अभिव्यक्त आदिवासियों का मानवाधिकार

महुआ माजी का उपन्यास 'मरंग गोड़ा नीलकंठ हुआ' अपने नये विषय और लेखकीय सरोकारों के चलते इधर के उपन्यासों में एक उल्लेखनीय पहलकदमी है। जब हिन्दी की मुख्यधारा के लेखक हाशिए के समाज को लेकर लगभग उदासीन रहे हैं, तब आदिवासियों की दशा, दुर्दशा और जीवन संघर्ष पर केन्द्रित यह उपन्यास एक बड़ी रिक्ति की भरपाई करता है। इस उपन्यास में महुआ माजी यूरेनियम की तलाश से जुड़ी जिस सम्पूर्ण प्रक्रिया को उजागर करती हैं, वह हिन्दी उपन्यास को जोखिम के इलाके में प्रवेश कराती है। उन्होंने गहरे शोध, सर्वेक्षण और समाजशास्त्रीय दृष्टि का सहारा लेकर इस उपन्यास के माध्यम से एक जरूरी हस्तक्षेप किया है। उपन्यास का केन्द्रीय पात्र सगेन प्रतिरोध की स्थानिकता को बरकरार रखते हुए विकिरण विरोधी वैश्विक आन्दोलन के साथ भी संवाद बनाता है। हिरोशिमा की दहशत

और चेरनोबिल तथा फुकुशिमा जैसे हादसे उसकी चेतना को लगातार प्रतिरोधी दिशा देते हैं। यह सब कुछ मानवीय सम्बन्धों की ऊष्मा और अन्तर्द्वंद्व में घुलमिल कर प्रस्तुत हुआ है। सचमुच, उपन्यास में वर्णित बहुत से तथ्य और मुद्दे अभी तक गम्भीर चर्चा का विषय नहीं बन सके हैं। इस रूप में यह उपन्यास एक नयी भूमिका भी प्रस्तुत करता है।

यह आदिवासी साहित्य उन वन-जंगलों में रहने वाले वंचितों का साहित्य है जिनके प्रश्नों का अतीत में कभी उत्तर ही नहीं दिया गया। यह ऐसे दुर्लक्षित समुदायों का साहित्य है जिनके आक्रोश की ओर समाज व्यवस्था ने कभी कान ही नहीं दिये। उनकी समस्याओं की उपेक्षा और उन्हें सभ्य समाज से अलग समझे जाने के कारण आज उनका अस्तित्व ख़तरे में नज़र आ रहा है। जैसे पानी के बिना मछली का अस्तित्व नहीं होता, उसी प्रकार जंगल के बिना आदिम मानव का अस्तित्व भी न के बराबर है। 'मरंग गोड़ा नीलकंठ हुआ' उपन्यास में मूल समस्या विकिरण, प्रदूषण और विस्थापन की है। यह समस्या देश के विकास की अंधी दौड़ का परिणाम है। विकास के क्रम में केवल तथाकथित सभ्य समाज विकसित होता है, परन्तु आदिवासियों की स्थिति और दयनीय होती जाती है। यूरेनियम और लौह खदानों से उत्पन्न समस्याओं से जूझते आदिवासियों का सजीव चित्रण इस उपन्यास में मिलता है। यह उपन्यास दर्द का महाकाव्य है। इसमें विकास के दर्द को बेहद संवेदनशीलता से व्यक्त किया गया है। इसमें लेखिका एक्टिविस्ट की भूमिका में यूरेनियम खदानों के आसपास और सारंडा के जंगलों में जाकर इस पीड़ा को प्रत्यक्ष अनुभव करती हैं। यह सब कुछ मानवीय सम्बन्धों की ऊष्मा एवं अन्तर्द्वन्द्व में घुल-मिलकर प्रस्तुत हुआ है। सचमुच उपन्यास में वर्णित बहुत से तथ्य व मुद्दे अभी तक गम्भीर चर्चा का विषय नहीं बन सके हैं। इस रूप में यह उपन्यास एक नयी भूमिका के रूप में भी प्रस्तुत है।

विकिरण की समस्या को केन्द्र में रखकर लिखा गया यह हिन्दी का पहला उपन्यास है। इसमें महुआ माजी ने रेडिएशन के ख़तरनाक नतीजों पर बहुत बेबाकी से अपने विचार व्यक्त किये हैं। झारखण्ड की सच्ची घटनाओं के आधार पर उन्होंने मानवीय सरोकारों का एक शोकपत्र तैयार किया है–'मरंग गोड़ा नीलकंठ हुआ'। आदिवासी जीवन का सम्बन्ध प्रकृति से रहा है और प्रकृति ही उनकी पहचान है। परन्तु आज उनका अस्तित्व ख़तरे में नज़र आ

रहा है। 'मरंग गोड़ा नीलकंठ हुआ' उपन्यास के माध्यम से हम यहाँ उनके जीवन में आने वाले संकटों का चित्रण देख सकते हैं। आधुनिकता की दौड़ में विचार और शैलियाँ जिस तरह जीवन को अर्थ देने लगी हैं, उसमें आदिवासी ठगे जा रहे हैं और अपनी ही ज़मीन से काट दिये जा रहे हैं। विकास ज़रूरी है, पर सवाल यह है कि यह विकास किसके लिए और किस क़ीमत पर? – यही उपन्यास का केन्द्रीय प्रश्न है।

उपन्यास के शीर्षक की सार्थकता पर विचार करते हुए, 'मरंग गोड़ा नीलकंठ हुआ' में नीलकंठ शब्द का सम्बन्ध शिव जी से जोड़ा जा सकता है। समुद्र मंथन के समय निकले विष को पृथ्वी के कल्याण हेतु शिव जी ने स्वयं ग्रहण किया था, जिससे उनका कंठ नीला हो गया और वे नीलकंठ कहलाये। इसी प्रकार, मरंग गोड़ा ने भी देश के विकास के नाम पर खदानों से उत्पन्न विकिरण और प्रदूषण को अपने भीतर समाहित कर लिया, जिसके कारण वह नीलकंठ हो गया। उपन्यास की शुरुआत जाम्बिरा से होती है। जाम्बिरा की पीढ़ियाँ जंगल और प्रकृति के साथ सामंजस्यपूर्ण जीवन जीती आयी थीं, परन्तु बाहरी लोगों के आगमन और उनकी खोजों के बाद उनका जीवन पूरी तरह बदल गया। अपने भोलेपन के कारण वे आने वाले संकट को भांप नहीं सके और अनजाने में ही उस भयावह स्थिति का शिकार बनते चले गये। परिवर्तन और विकास के नाम पर आदिवासियों को अपना बहुत कुछ खोना पड़ा। पत्थरों की डाक्टरी, जिसे आदिवासी बाहरी लोगों की बुद्धिमत्ता का चमत्कार मानते हैं कि कैसे वे पत्थरों को खोजकर, परखकर उनमें से उपयोगी पदार्थ निकाल लेते हैं। वे नहीं जानते कि जिस कौशल को वे अपार बुद्धिमता समझ रहे हैं और अपनी अगली पीढ़ी को उसी राह पर चलते देखना चाहते हैं, वह कितना ख़तरनाक है। इस खतरे का एहसास उन्हें तब होता है जब विकिरण और प्रदूषण से अत्यधिक आदिवासी प्रभावित हो चुके होते हैं। मरंग गोड़ा क्षेत्र में लौह खदान से लेकर यूरेनियम खदान तक शामिल हैं और स्वाभाविक रूप से इसके कारण विकिरण और प्रदूषण की समस्या लगातार बढ़ती चली जाती है।

यूरेनियम और उसका कचरा जीवन में लगातार जहर घोलता जा रहा है। इसका एहसास आदिवासियों को बहुत देर से होता है। यदि इन ख़तरों से उन्हें समय रहते सावधान नहीं किया गया, तो इसके गम्भीर परिणाम हो

सकते हैं। असल में यह समस्या केवल मरंग गोड़ा के आदिवासियों तक सीमित नहीं है, बल्कि उन सभी आदिवासी समुदायों की है, जिनके क्षेत्र और संसाधनों का उपयोग तथाकथित सभ्य समाज अपने विकास के लिए करता है। इन आदिवासियों की उपेक्षा की गयी है और इसी कारण उन्होंने एक ऐसा आन्दोलन शुरू किया है जिसने समाज को देखने का नज़रिया बदल दिया है। यह विरोध केवल यहीं तक सीमित नहीं रहा, बल्कि इसका विस्तार विदेशों तक हुआ है। इसके चलते आदिवासी समाज अपनी समस्याओं के प्रति जागरूक हुआ है और उनका विरोध करने में सक्षम भी हो सका है।

मरंग गोड़ा वस्तुतः जमशेदपुर से तीस-चालीस किलोमीटर दूर स्थित 'जादूगोड़ा' नामक वह क़स्बा है, जहाँ सन् 1967 में शुरू हुए यूरेनियम अयस्क खनन के कारण आसपास के पन्द्रह गाँवों के तीस हजार से अधिक लोग विकिरण से बुरी तरह प्रभावित हुए थे। जिस ज़मीन ने रेडियोधर्मी धातु यूरेनियम के जहर को पीकर देश और दुनिया को ऊर्जा प्रदान की, वही आबादी नीलकंठ बन गयी है। आदिवासी स्त्री अपेक्षाकृत समाज की कठोर पहरेदारी से मुक्त है, फिर भी वह आदिवासी और गैर-आदिवासी (दिकू) लोगों के शोषण का शिकार बनी हुई है। इस सन्दर्भ में महुआ माँझी लिखती हैं–"दुनिया में हर जगह महिलाओं को छेड़ा जाता है...यहाँ इतना खुलापन है। स्त्री-पुरुष का एक साथ घूमना-फिरना, मिलना-जुलना, काम के दौरान एक कमरे में रात गुज़ारना बुरा नहीं माना जाता, हमारे देश की तरह उन पर समाज की कठोर पहरेदारी भी नहीं रहती, फिर भी?... जहाँ मर्जी नहीं होती, वहाँ ज़बरदस्ती करने की कोशिश की जाती है।" इस प्रकार, वे उच्च वर्ग की महिलाओं की तरह सामाजिक मर्यादाओं के मानदंडों से परे तो हैं, लेकिन उनका आर्थिक और शारीरिक शोषण दिकुओं द्वारा लगातार किया जाता रहा है। अंग्रेज़ सैनिक आदिवासी औरतों के साथ बन्दूक की नोक पर बदसलूकी करते थे। कॉरपोरेशन के अधिकारी और कर्मचारी मजदूरों और उनकी औरतों का आर्थिक एवं शारीरिक शोषण करते रहे।

आदिवासी क्षेत्रों में शिक्षा का अभाव है। इस अशिक्षा और अज्ञानता के कारण वे रूढ़ियों और अंधविश्वासों से जकड़े हुए हैं। इन कुरीतियों और प्रथाओं के चलते आदिवासी स्त्री की ज़िन्दगी बेबसी और नरकीय बनी हुई है। गोनोंग, डायन प्रथा और लड़की को अपशगुन मानने जैसी प्रथाएँ इनमें प्रमुख

हैं। गोनोंग प्रथा में लड़की के पिता द्वारा दहेज लिया जाता है। इस सन्दर्भ में महुआ माजी लिखती हैं–"गोनोंग के चक्कर में बेटी की जवानी ढले तो ढले, देह पर उम्र की कोई काई जमे तो जमे। वह आजीवन अविवाहित रहे तो रहे, इन्हें इसकी कोई परवाह नहीं। माँग बैठते हैं मुँह फाड़कर। ठीक ही करती हैं वे लड़कियाँ जो परब के नाच के दौरान या मेले से खींचकर ले जाने पर अपने पसंदीदा साथी के साथ यूँ ही चली जाती हैं और घर बसा लेती हैं।" यह दहेज समस्या आदिवासी और गैर-आदिवासी, दोनों समाजों में एक बड़ी सामाजिक चुनौती है। दहेज चाहे लड़की का पिता ले या लड़के का, अन्तत: पीड़ित हमेशा लड़की ही होती है। एक ओर लड़की की उम्र ढलती जाती है, तो दूसरी ओर उसे किसी अयोग्य वर के साथ ब्याह दिया जाता है। गोनोंग के लालच में लड़की का पिता उसे दुगुनी उम्र के व्यक्ति से ब्याह देता है, चाहे वह बुज़ुर्ग ही क्यों न हो। इस तरह लड़की को एक अँधेरे कुएँ में धकेल दिया जाता है, जहाँ से बाहर निकलना बेहद मुश्किल होता है।

साथ ही कुछ प्रथाओं एवं अंधविश्वासों के चलते स्त्री का जीवन नरकीय बना दिया जाता है। उपन्यास मरंग गोंडा में यूरेनियम एवं इसके अपशिष्ट पदार्थों से निकली विकिरण के कारण अजीबोग़रीब बीमारियाँ उत्पन्न हो जाती हैं। इस उपन्यास में लेखिका ने विकिरण, प्रदूषण और विस्थापन की समस्या को प्रमुखता से रेखांकित करने का प्रयास किया है। लेखिका ने विकिरण के दुष्परिणामों और इससे होने वाली खतरनाक बीमारियों की ओर ध्यान दिया है। विकिरण, प्रदूषण और विस्थापन से जूझते आदिवासियों की गाथा को महुआ माझी ने इस उपन्यास का मुख्य कथानक बनाया है, जो आदिवासी समाज की वास्तविक समस्याओं से रूबरू कराता है। इन बीमारियों और उनसे हो रही भयानक मौतों का इल्जाम निर्दोष 'सगेन की ताई' पर लगाया जाता है। उसे डायन घोषित कर उसकी जान लेने पर लोग उतारू हो जाते हैं। लेखिका 1984 की एक घटना का उल्लेख करती हैं, जिसमें तथाकथित डायनों को मारने-पीटने की घटनाएँ शुरू हो गयी थीं। आज भी निर्दोष स्त्रियों को डायन घोषित कर प्रताड़ित किया जाता है। आदिवासी समाज में अपशगुन की पात्र प्राय: कोई लड़की ही बनती है, जहाँ किसी कुत्ते से उसकी शादी करवाकर अपशगुन उतारने का रिवाज प्रचलित है। इस तरह आदिवासी स्त्री एक ओर समाज की कठोर पहरेदारी से मुक्त तो है, लेकिन शोषण के तमाम रूपों में

सतायी जाती रही है। उसका शोषण आदिवासी और गैर-आदिवासी, दोनों समाजों द्वारा किया जाता है। शिक्षा के अभाव के कारण वह अपने अधिकारों से अनभिज्ञ रहकर एक अंधकारमय और दयनीय जीवन जीने को विवश है। लेखिका विस्थापितों के दर्द और विकिरण से अपंग होते लोगों की पीड़ा को इस उपन्यास में गहराई से सामने लाती हैं। शुद्ध और समृद्ध मरंग गोंडा क्षेत्र, जो यूरेनियम की खदानों के कारण विषैला हो गया है, उसका प्रभाव सबसे पहले आदिवासियों पर और फिर सम्पूर्ण विश्व पर किस प्रकार पड़ता है, इसका खुलासा उपन्यास में मिलता है।

सन्दर्भ

1. मरंग गोड़ा नीलकंठ हुआ–महुआ माजी
2. बंकिमचन्द्र-सभ्य
3. वेबसाइट–गूगल

अध्याय-9

सुधा ओम ढींगरा की कहानियों में प्रवासी नारी

प्रवासी साहित्य का अर्थ है, प्रवासी लोगों द्वारा लिखा गया साहित्य। प्रवास शब्द का तात्पर्य है विदेश गमन या विदेश यात्रा, अर्थात् जो व्यक्ति किसी दूसरे देश में निवास करता है, वह प्रवासी कहलाता है। प्रवासी ऐसे लोगों का एक बड़ा समूह है, जिनकी विरासत या मातृभूमि कहीं और है और जो विश्व के विभिन्न स्थलों पर स्थानान्तरित हो गये हैं। भारतीय मूल के विदेशों में रहने वाले लोगों द्वारा किया गया सृजनात्मक लेखन प्रवासी साहित्य कहलाता है। जो लेखक 'हिन्दी' को केन्द्र में रखकर या माध्यम बनाकर लेखन करते हैं, वे प्रवासी हिन्दी साहित्यकार कहलाते हैं। प्रवासी साहित्य का उद्‌भव और विकास भारतीय प्रवासी नाम से हुआ है, जिसका अंग्रेज़ी रूपान्तरण इंडियन डायस्पोरा है। इसका अर्थ है–वह बिखरी हुई आबादी जो विशेष रूप से विभिन्न भौगोलिक क्षेत्रों में जा बसी है।

वस्तुतः प्रवासी साहित्य को अलग करके देखने की बजाय उसे हिन्दी की मुख्यधारा में स्थान दिया जाना चाहिए। हिन्दी के प्रवासी साहित्य का एक अपना वैशिष्ट्य है, जो उसकी संवेदना, परिपक्व जीवन-दृष्टि और परिवेश में स्पष्ट रूप से दिखायी पड़ता है। मॉरिशस, फिजी, सूरीनाम आदि देशों में भारतवंशियों की दूसरी-तीसरी पीढ़ी के साहित्य में उनका देश बोलता है, जिस पर निश्चित रूप से भारतीय संस्कृति, दर्शन और मूल्यों का गहरा प्रभाव है। वहीं अमेरिका, ब्रिटेन आदि देशों के लेखक पहली पीढ़ी के हैं और इसी कारण उनकी रचनाओं में स्वदेश और विदेश दोनों की छवियाँ मिलती हैं। इनकी रचनाओं में अमेरिका एवं यूरोप के देशों की सुख-समृद्धि के साथ-साथ तनाव और संघर्ष की झलक भी मिलती है और साथ ही स्वदेश की मिट्टी की

मधुर स्मृति भी गुँथी हुई होती है। इस प्रकार दोनों ही प्रकार के प्रवासी साहित्य में भारत कहीं न कहीं उपस्थित रहता है, चाहे वह धर्म-संस्कृति के रूप में हो, चाहे नोस्टेल्जिया अथवा अस्तित्व एवं अस्मिता की निर्मिति के सूत्र की तलाश के रूप में। भारत के हिन्दी-समाज के लिए यह अपेक्षाकृत नयी वस्तु है, जिसमें नये कथानकों और पात्रों के माध्यम से प्रवासी भारतीयों के जीवन-संघर्ष को प्रस्तुत किया गया है। हिन्दी का यह प्रवासी साहित्य अब इतना व्यापक हो चुका है कि उसने अपना एक स्वतन्त्र आकाश बनाने में सफलता प्राप्त कर ली है। श्री कमल किशोर गोयनका के अनुसार, "प्रवासी साहित्य हिन्दी का साहित्य है, जिसका रंग-रूप, उसकी चेतना और संवेदना भारत के हिन्दी पाठकों के लिए नयी वस्तु है, यह एक नये भाव-बोध का साहित्य है, एक नयी व्याकुलता और बेचैनी का साहित्य है, जो हिन्दी साहित्य को अपनी मौलिकता एवं नये साहित्यिक संसार से समृद्ध करता है। इस प्रवासी साहित्य की बुनियाद भारत-प्रेम तथा स्वदेश-परदेश के द्वन्द्व पर टिकी है।" प्रवासी साहित्य आज ऐसे मुकाम पर पहुँच चुका है, जहाँ वह हिन्दी साहित्य के व्यापक मानचित्र में उचित एवं सम्मानपूर्ण स्थान का मजबूत दावेदार बन चुका है।

विदेशों में रचित हिन्दी कथा साहित्य कई अर्थों में भिन्न है। इसमें स्थानीयता के तत्त्व प्रधान होते हैं, किन्तु मानवीय संवेदनाएँ देश-काल की सीमाओं का अतिक्रमण करती हैं। इसीलिए प्रेम, राग, विराग जैसी संवेदनाओं की अभिव्यक्ति प्रवासी साहित्य में उसी प्रकार दिखायी देती है, जैसे कि सामान्य भारतीय साहित्य में। विदेशी समाज में विदेशी सभ्यता और संस्कृति के मानदंडों के बीच जीवन बिताते हुए, भारतीय आचार-विचार, रीति-रिवाज में पलकर बड़े होकर, रोज़गार के लिए विदेशों में बसने के उपरांत विदेशी जगत के नीति-नियमों के साथ टकराहट की स्थिति उत्पन्न होती है, जो कि स्वाभाविक है। इन स्थितियों से निबटकर जीवन में सामंजस्य और सन्तुलन बनाकर जीवन को सुखी बनाना एक गम्भीर चुनौती है। पश्चिमी सामाजिक परिवेश में स्त्री-पुरुष सम्बन्धों तथा दाम्पत्य सम्बन्धों की अनिश्चितता बहुचर्चित एवं बहुचित्रित विषय है। प्रवासी हिन्दी कथा साहित्य भी मूल रूप से स्त्री-केन्द्रित ही है, जो कि स्त्री-अस्मिता के सार्वभौमिक स्वरूप को रेखांकित करता है।

प्रवासी कथा साहित्य की एक और विशेषता स्त्री कथाकारों की बहुलता और प्रधानता है। अमरीका, ब्रिटेन, केनेडा आदि देशों में हिन्दी कथा साहित्य के सृजन में भारत की भाँति महिला लेखन महत्त्वपूर्ण है। इन स्थितियों के साथ प्रवासी रचनाकार भारतीय परिस्थितियों से भी असंपृक्त नहीं रह सकते।

हिन्दी साहित्यकार, पत्रकार तथा सम्पादक डॉ. सुधा ओम ढींगरा का जन्म जालन्धर (पंजाब), भारत में हुआ था। रंगमंच, आकाशवाणी एवं दूरदर्शन की कलाकार रही डॉ. ढींगरा आजकल मौरिसविल (नार्थ कैरोलाईना), अमेरिका में रहकर हिन्दी के प्रचार-प्रसार हेतु कार्यरत हैं। मेरा दावा है (काव्य संग्रह–अमेरिका के कवियों का सम्पादन), तलाश पहचान की (काव्य संग्रह), परिक्रमा (पंजाबी से अनुवादित हिन्दी उपन्यास), वसूली (कथा-संग्रह–हिन्दी एवं पंजाबी), सफ़र यादों का (काव्य संग्रह–हिन्दी एवं पंजाबी), माँ ने कहा था (काव्य सी.डी.), पैरां दे पड़ाह (पंजाबी में काव्य संग्रह), संदली बूआ (पंजाबी में संस्मरण)। प्रवासी संग्रहों में कविताएँ, कहानियाँ प्रकाशित हैं। सुधा जी की कहानियों में एक साथ दो देशों, संस्कृतियों एवं दो परिवेशों की घटनाओं का साक्षात्कार होता है। इन कहानियों में एक साथ दो अलग-अलग देशों के परिवेशों के बीच आवाजाही का मौका मिलता है, जिससे अनिवार्य रूप से तुलना भी होती है। पिछले पैंतीस सालों से अमेरिका में रहने वाली सुधा जी की कहानियों में भारतीय समाज का वर्तमान स्वरूप बिल्कुल उसी तरह साकार होता है। अन्य प्रवासी साहित्यकारों से भिन्न, उनका साहित्य समकालीन भारतीय समाज में विचरण करने वाला है। बरसों पूर्व छोड़कर जा चुके देश से अलग, तीव्र गति से परिवर्तनशील आज के समाज की गतिविधियों से सचेत रचनाकार होने के कारण ही सुधा जी की रचनाएँ हिन्दी साहित्य की मुख्यधारा में स्थान प्राप्त करती हैं।

कहानी संग्रह 'सच कुछ और था' में कुल ग्यारह कहानियाँ हैं, जो क्रमशः इस प्रकार हैं–'अनुगूँज', 'उसकी ख़ुशबू', 'सच कुछ और था', 'पासवर्ड', 'तलाश जारी है', 'विकल्प', 'विष-बीज', 'काश ऐसा होता', 'क्यों ब्याही परदेश', 'और आँसू टपकते रहे' तथा 'बेघर सच'। ये सब सादगी से युक्त ऐसी कहानियाँ हैं, जो अपने अलग ढाँचे में फिट हैं। कहानी 'अनुगूँज' में लेखिका ने एक ऐसी समस्या को उठाया है, जिससे हम प्रत्यक्ष या परोक्ष रूप

से परिचित हैं। एक विशेष वर्ग की विदेश जाने की चाह इतनी बलवती होती है, जिसके लिए वे कुछ भी करने को तत्पर दिखायी देते हैं। उन्हें लगता है कि विदेश में सब कुछ अच्छा और सुखद है, जबकि ऐसा होता नहीं क्योंकि हर चमकने वाली वस्तु सोना नहीं होती। अनेक अप्रवासी भारतीयों के साथ ब्याही बेटियों की दुखद कहानियाँ सुनाई देती हैं और पंजाब में तो यह स्थिति कुछ अधिक है। लेकिन फिर भी लोग बिना सोचे-समझे विदेश के लालच में उसे अजनबी परिवार के हवाले कर देते हैं। यह भी नहीं सोचते कि बेटी का जीवन जिस परिवार से जुड़ा है, उसके बारे में छानबीन कर लें। 'अनुगूँज' कहानी की नायिका 'मनप्रीत' ऐसे ही अनेक अभागी बेटियों का प्रतीक बन जाती है। प्रस्तुत संग्रह की नौवीं कहानी 'क्यों ब्याही परदेश' को 'अनुगूँज' के पूर्व भाग के रूप में भी देखा जा सकता है, जहाँ कहानी की नायिका 'गुड़िया' अपनी माँ को लिखे पत्र के माध्यम से अपने संघर्ष, पीड़ा, उलझन और टकराव को प्रकट करती है। 'गुड़िया' की भावनाओं को प्रस्तुत करती ये उल्लेखनीय पंक्तियाँ हैं–"मेरे लिए तो विशेष अन्तर और होड़ दो देशों के परिवेश का है। दो संस्कृतियों के मूल्यों में सामंजस्य का, अजनबी देश और अजनबी लोगों में स्वयं की पहचान और अस्तित्व को बचाए रखने का प्रयत्न है। यहाँ हर मोर्चे पर तैनात नितांत अकेली खड़ी हूँ मैं।" प्रवासी बनकर अन्ततः रहने के लिए बेटियाँ मजबूर होती हैं। शुरू-शुरू में ही घुटन और अस्तित्व संघर्ष को पार करने में वे शायद ही सफल रहेंगी। 'अनुगूँज' में गुरमीत के कत्ल की गवाही देकर मनप्रीत अपने अस्तित्व की रक्षा में सफल होती है। संघर्ष किसी का क्यों न हो, सभी समस्याओं के लिए हमारे अन्दर एक जवाब है, जिसे अक्सर नारी अनदेखा ही रखती है। ऐसे में खुली राह की ओर ध्यान आकृष्ट करने वाली एक सकारात्मक सोच का नतीजा हैं ये सभी कहानियाँ।

'बेघर सच' में लेखिका ने एक स्त्री के जीवन और अस्तित्व से जुड़े 'घर' के गम्भीर प्रश्न को उठाया है, क्योंकि आज भी 'घर' एक स्त्री के लिए सबसे उलझा हुआ प्रश्न है; जिसे सुलझाने में उसकी न जाने कितनी पीढ़ियाँ निकल गयीं, किन्तु प्रश्न जस का तस उसके सामने बना हुआ है। 'बेघर सच' में 'रंजना' के द्वारा कहानीकार समाज से ही सवाल करते हैं। स्त्री का जीवन इसी प्रश्न का उत्तर तलाशते हुए चलता है कि उसका घर कहाँ है? कौन-सा

है? देह के भीतर की स्त्री को किसी ने नहीं देखा। नारी के अन्तस्थल की गहराइयों तक जाने की कोशिश पुरुष ने कभी नहीं की है। नारी की भावनाओं और उसके संवेगों को महत्त्व देने वाले ही समझ पायेंगे कि उसके अन्तर में क्या टूटता है, क्या पनपता है। इसीलिए रंजना अपनी भावनाओं की सुरक्षा में अपनी अस्मिता की पहचान मानकर पुरुष से पृथक् होकर कहती है–"यह घर मेरा है।"

'और आँसू टपकते रहे...' एक ऐसी कहानी है, जो रेखांकित करती है कि तटस्थता भी कई बार अपराध से कम नहीं होती। 'पासवर्ड' जैसी कहानी में कई बार अप्रवासी भी भारतीय लोगों के स्वार्थ का शिकार बनने की नौबत में आ जाते हैं। लेखिका ने यहाँ स्त्री चेतना की आड़ लेकर आने वाली विसंगति की ओर संकेत किया है–"झण्डा वहाँ उठाया जाये, जहाँ पुरुष अपनी सत्ता का दुरुपयोग करें, जो पुरुष स्वयं ही इस सत्ता के विरुद्ध हो, उसे तो इससे दूर रखा जाये।" 'उसकी खुशबू' और 'विष-बीज' मनोविश्लेषणात्मक कहानियाँ हैं। दोनों कहानियों में घटित अपराधों के पीछे एक में स्त्री और दूसरे में पुरुष की विशेष विकृत मानसिकता दिखायी गयी है। विकृत मानसिकता के शिकार की हरकतों का बयान करते हुए, ठीक उसके कारणों को और उसके लिए प्रेरक परिवेश को अधिक ज़ोर देकर प्रस्तुत किया गया है। कहानी 'सच कुछ और था' भी मनोवैज्ञानिक ढंग से लिखी गयी कहानी है, जो यह रूपायित करती है कि सदैव आँखों देखा और कानों सुना सच नहीं होता। सच ऐसा भी हो सकता है, जो साधारण रूप से दिखायी न दे। किसी को मारने की क्रिया सामान्य नहीं होती, वह भी किसी संवेदनशील व्यक्ति के लिए। प्रस्तुत कहानी में मारने वाले की मनोदशा और वेदना तथा मरने वाले के व्यवहार का लेखिका ने सूक्ष्म अंकन किया है। 'सच कुछ और था' कहानी पत्रकारिता में दृष्टिगत विकृति एवं उथलेपन पर भी चोट करती है। स्व-प्रचार के लिए विवाद उत्पन्न करने की प्रवृत्ति कई बार विकृति की सीमा तक जाती है। सुधा ओम ढींगरा की कहानियाँ मानवीय सम्बन्धों को हर कोण से देखती हैं। उनकी दृष्टि केवल बाहरी नहीं है। वे किसी घटनाक्रम की तहों को परत-दर-परत खोलती चलती हैं। इस प्रक्रिया में उनकी कहानियों का उद्देश्य मात्र मनोरंजन न होकर 'शिवेतर क्षतये' की भावना में परिणत होता है तथा उनके यहाँ सकारात्मक जीवन मूल्यों की पक्षधारता प्रबल रूप में पायी जाती है। उनकी सादगी

युक्त शैली एवं सहज भाषा पाठक को मोहती है। 'विष-बीज' में बलात्कारी मानसिकता को भी सन्तुलित तरीके से वर्णित किया गया है और कहीं भी कहानीकार विचलित नहीं होती है। यहाँ आज के समय के एक कड़वे सच को, इससे जूझने वालों के साथ, इसके लिए निदान और परिवेशीय त्रासदी को भी उसी अहमियत के साथ उद्घाटित किया गया है।

'काश! ऐसा होता' एक छोटी सी सकारात्मक कहानी है, जो स्त्री और पुरुष के लिए निर्धारित अलग-अलग मानदण्डों का विरोध करती है। सुधा जी का कहानी संग्रह 'सच कुछ और था' की सबसे छोटी कहानी 'काश ऐसा होता' है, जिसमें उन्होंने उम्र के उत्तरार्ध में विशेषकर स्त्री जीवन में आने वाली अकेलेपन की दुखद परिस्थिति को अपना विषय चुनकर बहुत बारीकी के साथ इसकी अभिव्यक्ति की है। उस अकेलेपन की त्रासदी को केवल वही समझ सकता है, जो उसे भोग रहा है। यह कहानी वस्तुत: सुखद समाधान तलाशकर समाप्त होती है। साथ ही कहानीकार की एक अनोखी अभिलाषा भी इसमें प्रकट हुई है कि जीवन को सार्थक बनाने के रास्ते में यहाँ की माँ भी अगर अमरीका वाली महिला की तरह अपनी सोच में बदलाव ला सके, तो कितना अच्छा होता। प्रश्नों का हल एक विदेशी महिला सरलता से कर देती है, तो भारतीय क्यों नहीं–इस तरह की समस्याएँ कई होती हैं, पर इसका समाधान ढूँढ़ने की जगह परिस्थितियों से समझौता कर प्रश्नों को ढकना या ढकने की चेष्टा इतना संकीर्ण है कि अक्सर नारी खुद को ही इस तरह खो देती है। वृद्ध जनों का एकाकीपन दुनिया भर में एक जैसा ही है। देश बदलने से कोई परिवर्तन नहीं आता। अन्तर सिर्फ़ इतना है कि कहीं इसका समाधान निकाल लिया जाता है।

'पासवर्ड' शीर्षक कहानी भी महत्त्वाकांक्षाओं से भरी युवा पीढ़ी को भारतीय जीवन मूल्यों के प्रति सजग बनाती है। धोखा और दंभ कितने ही सुन्दर चेहरे की आड़ में हो, फिर भी एक दिन स्वयं के विनाश का कारण बन जाता है। समकालीन सन्दर्भ में प्रासंगिक इस ज्वलंत मुद्दे को अपनी स्वत: सिद्ध शैली में सुधा जी ने प्रस्तुत किया है। परदेश रहकर 'पासवर्ड' कहानी का प्रमुख पात्र 'साकेत' देसी मूल्यों से युक्त लड़की को अपनी जीवन संगिनी बनाना चाहता था, लेकिन तन्वी और मनु उसकी शिष्टता को अपने इरादों को सफल करने की सीढ़ी समझकर उसे धोखा देते हैं। भारत से सुदूर अमेरिका

में रहकर भी पारम्परिक मूल्यों को अपने साथ लेकर जीने वाले प्रवासियों की महत्त्वाकांक्षा कहानीकार के शब्दों में स्पष्ट है–"मन और बुद्धि के अन्तर्द्वंद्व में वह उलझ रहा था–वह परम्परावादी नहीं है पर शादी की संस्था में विश्वास करता है"। यहाँ प्रवासी होकर भी अपनी पत्नी को साथी संगिनी के रूप में देखकर एक-दूसरे के बीच में तालमेल होने की ज़रूरतों पर विश्वास रखने वाले पुरुष पात्र का जिक्र किया गया है, जबकि इस कहानी की नायिका 'तन्वी' मूल्यों को खोकर प्रवासी बनकर सुख-सुविधा के लालच में उलझकर ज़िन्दगी में परास्त होने वाली वर्तमान पथभ्रष्ट युवाओं की प्रतिनिधि है।

प्रवासी लेखक स्वदेश-परदेश के द्वन्द्व में जीता है। नयी-नयी अनुभूतियों, तनावों और विसंगतियों से गुज़रता है और साहित्य में नये भाव-बोध, नया दृष्टिकोण तथा नये जीवन मूल्यों की सर्जना की जाती है। अत: प्रवासी साहित्यकारों की साहित्यिक परम्परा हिन्दी साहित्य को समृद्ध और विकसित बनाने में अपनी महत्ती भूमिका अदा करते हुए विदेश की धरती पर अपनी संस्कृति, भाषा और संस्कारों को कायम रख रही है। देश से इतर, विदेशों में हिन्दी साहित्य के विकास के साथ नयी दशा और दिशा भी तय की जा रही है। हिन्दी भाषा के वैश्विक सन्दर्भ के विषय में प्रसिद्ध आलोचक डॉ. करुणाशंकर उपाध्याय का मानना है कि यह सच है कि वर्तमान वैश्विक परिवेश में भारत की बढ़ती उपस्थिति हिन्दी की हैसियत का भी उन्नयन कर रही है। आज हिन्दी राष्ट्र भाषा की गंगा से विश्वभाषा का गंगासागर बनने की प्रक्रिया में है। वह दिन दूर नहीं जब प्रवासी साहित्यकार अपनी सृजनात्मक लेखनी से हिन्दी को वैश्विक पाठकों तक पहुँचाते हुए ऊँचे सिंहासन पर विराजमान कर उसे गौरवान्वित करेंगे। सुधा जी अपनी रचनाओं में प्रवासी नारी के परिवेशगत अन्तर्द्वंद्वों का यथार्थ ज्यों का त्यों संवेदनशील रूप में प्रस्तुत करती हैं। इसके लिए उचित कथा-भाषा शिल्प के समकालीन स्वरूप का परिचय इनकी कहानियों में दृष्टिगत है।

सन्दर्भ

1. चरागे दिल-हिन्दी का प्रवासी साहित्य (नवम्बर 27, 2008 (भाषा विमर्श)) (गर्भनाल के 21वें अंक में प्रकाशित श्री कमल किशोर गोयनका से डॉ. सुधा ओम ढींगरा की बातचीत पर प्रतिक्रिया गर्भनाल के 24वें अंक)

2. matrubharti.com
3. हंस पत्रिका-जुलाई 2013, पृष्ठ 35
4. webduniya.com प्रवासी साहित्य की अवधारणा और स्त्री कथाकार
5. हिन्दीकुंज.काम
6. https://sol.aud.ac.in/course/parvasi-hindi-sahitya
7. प्रवासी साहित्य : एक विकास यात्रा-सुषम बेदी ,गर्भनाल-प्रवासी भारतीयों की मासिक ई पत्रिका, दिसम्बर 2019
8. हिन्दी का प्रवासी साहित्य -डॉ. कालीचरण स्नेही
9. प्रवासी हिन्दी साहित्य लेखन -सुशील शर्मा https://www.rachanakar.org/2018/03/blog-post_6.html

अध्याय-10

हामिद : समकालीन समाज के लिए सकारात्मक प्रेरणा

प्रेमचन्द की उत्कृष्ट रचना है ईदगाह। इसमें मानवीय संवेदना और जीवन गत मूल्यों के तथ्यों कों जोड़ा गया है। हामिद का चरित्र हमें बताता है कि अभाव उम्र से पहले कैसे बच्चों में बड़ों जैसी समझदारी पैदा करती है। मनोविज्ञान मानव मन की राहस्यानुभूतियों को अनावृत करता है। प्रत्येक व्यक्ति का मनोमय कोश समान परिवेश में भी असमान होता है। बाल मनोविज्ञान के सन्दर्भ में यह अत्यन्त आकर्षक एवं हृदय स्पर्शी पहलू बन जाता है। महान कथा सम्राट प्रेमचन्द ने इस रहस्यमय एवं सुलझी हुई पहेली को अपने ढंग से व्याख्यायित करने का प्रयास कई कहानियों के द्वारा किया है। उनकी अति लोकप्रिय एवं बहुचर्चित बालोपयोगी कहानियों से बालकीय निश्छलता, भोलेपन और अनोखी समझदारी से हम रूबरू हो उठते है। पूरे समाज के सम्मुख अपने आदर्शोन्मुख यथार्थवाद की स्थापना भी उन्होंने बेहतरीन तरीक़े से इस तरह की कहानियों के ढाँचे में डालकर मूर्त कर दिया है। ईदगाह भी एक ऐसी ही कहानी है जिसके माध्यम से बाल मन की सकारात्मक सोच की अभिव्यक्ति दी है।

ग्रामीण एवं मध्य वर्गीय जीवन के चितेरे प्रेमचन्द युवा, नारी, वयस्क तथा बाल मन के हालातों का बयान करते हुए इतना वैविध्य पूर्ण कथा संसार पूरे समाज के लिए प्रस्तुत किए है जिससे वह समकालीन साहित्य विमर्श की सीढ़ियों के हर पड़ाव पर अपना मील पथर छोड़ते हैं। बाल मनो विज्ञान बच्चों के मानसिक स्थितियों का जांच पड़ताल करनेवाला विज्ञान है हसना, रोना परिवेशगत संघर्षों से जूझकर हारना, जीतना जैसे कई समस्याओं का अध्ययन

बाल मनोविज्ञान करता है जिस पर आधारित कहानी है ईदगाह। इस कहानी को समकालीन बनाने की विशिष्टता प्रेमचन्द जी के कहानियों में हमेशा की तरह विद्यमान होते हैं।

ईदगाह शीर्षक कहानी में ग़रीबी और अभाव से पूर्ण जीवन में भी बालक का सोच उच्च संस्कार से युक्त है। इससे समकालीन ज़िन्दगी में जीवनमूल्यों को पुन:स्थापित करने की सकारात्मक प्रेरणा प्राप्त होते हैं।हामिद जैसे छोटे बालक में भी संयम, सहनशीलता, सहयोग एवं परोपकार आदि परंपरागत मूल्यों को पाकर समकालीन समाज की कुंठित, संकुचित तथा विडंबनाग्रस्थ मानसिकता पर प्रहार पड़ता है। इससे निश्चय ही समूह मानसिकता में परिवर्तन की गुंजाइश होता है। प्रेमचन्द ने मानवीय संवेदना और जीवनगत मूल्यों से सजाए सँवारे गए एक 4 वर्षीय नह्ने बालक की आदर्श मानसिकता का परिचय हामिद के द्वारा किया है। बालक का चरित्र लेखक की आदर्शोन्मुख यथार्थवादी दृष्टि कोण को उद्घाटित करनेवाला है जो ईदगाह कहानी का केन्द्र पात्र है। हामिद किसी फ़िल्मी नायक के समान अपनी जागरूक व्यक्तित्व से पाठकों को प्रभावित करता है। बालक अपनी सहज भोलापन और सरलता के साथ ही दूसरी ओर विलक्षण एवं परिपक्वता का भी प्रदर्शन करते हुए एकदम अनोखी तरलता का विस्मयकारी अनुभव दिलाते है। ईदगाह में जाकर साथियों की तरह मिठाई न खाना, अपने लिए खिलौना न खरीदना और अन्त में अपनी बूढ़ी दादी के लिए उपयोगी चीज़ चिमटा खरीदना आदि स्वभावगत विशेषताएँ सामान्य पाठक को भी दुबारा सोचने के लिए बाध्य करते है। रोटी सेंकते हुए हर रोज़ दादी का हाथ जलने का दृश्य उसके मानस पटल पर अंकित हुई थी जिससे पहुँचे ज़ख़्म के परिणाम स्वरूप बालक खिलौने की जगह चिमटा को चुनकर वह ख़रीद लेने का निर्णय कर लेता है। इससे प्रेमचन्द जी ने साबित किया है बुज़ुर्गों की तरह बालक मन में भी समस्याओं को समझने एवं सुलझाने की प्रक्रिया सक्रिय हैं। अभाव और ग़रीबी में पले लड़के को पूरी दुनिया में केवल उसकी दादी है। हामिद अपनी दादी की कठिनाई को यथावत समझने का शायद यह निदान है। माँ-बाप की स्नेह छाया और संरक्षण में बच्चे कम ही अलग ढंग से सोचने को उद्यत होते है। यहाँ परिस्थितिजन्य भावनाओं से ही आमिना की दुर्गति को उसकी पोता हृदयावर्जक रूप में स्वीकार करता है।

कथानक की अद्वितीयता में आर्थिक कठिनाई और अकेलेपन ने सकारात्मक पृष्ट पोषण किया है। परिवेश से थपेड़े खाकर इस कहानी के बालक का चरित्र परिपक्व हो गया हैं। चार वर्षीय उम्र में ही उसके माँ बाप अल्लाह कों प्यारे हो गये। तब से दादी ही उसका पालन पोषण करती है।वह दादी की सीमाओं को अच्छी तरह पहचानता हैं।कहानीकार ने जाने अनजाने ही मध्य वर्गीय माँ बाप की सीमाओं कों न समझने वाले आधुनिक पीढ़ी के सुपुत्रों कों सोचने का मौका दिया है। यहाँ प्रेमचन्द जी का यथार्थ वादी दृष्टिकोण आदर्शोन्मुख मोड पर है। रोटी पकाते समय हाथ जल जाने से आमिना की परेशानी देखकर बालक अन्दर ही अन्दर द्रवित होता था। लेकिन घर में चिमटा नहीं थी। इस अभाव की पूर्ति बालक अपने हाथ में मिले तीन पैसों से करता है। मन ललचानेवाली मिठाइयाँ सामने पाकर भी उसे काबू में रखता है। अपने बुद्धि एवं कौशल का परिचय देकर कहानी के अन्तिम मोड पर सबको चौंकाते हुए ही वह चिमटा को पसन्द करता है और उसे खरीदकर दादी माँ कों देता है। अपनी सहज सामाजिक चेतना एवं सहानुभूति के साथ प्रेमचन्द ने हामिद के चरित्र को उकेर दिया है जो कि बहुत रोचक एवं प्रासंगिक है।

कहानी में चिमटा ख़रीदने के सन्दर्भ में हामिद के दी हुई शास्त्रार्थ एवं तर्क नैपुण्य से प्रेमचन्द स्वयं संवाद करता हुआ प्रतीत होता है–"आग में बहादुर ही कूदते हैं जनाब, तुम्हारे यह वकील, सिपाही और भिश्ती लौंडियों की तरह घर में घुस जाएँगे। आग में कूदना वह काम है जो रुस्तमे-हिन्द ही कर सकता है"। बच्चे देश के कर्णधार और राष्ट्र निर्माता हैं जो भविष्य को सँवारने की दिशा में अवश्य ही क़दम उठेंगे। हामिद बालकों की उज्ज्वल भूमिका को अनावृत करने की दिशा में सकारात्मक कार्य करेगा। प्रेमचन्द ने सन् 1930 में हंस पत्रिका के संपादकीय में लिखा है कि "बालकों कों प्रधानत: ऐसी शिक्षा देनी चाहिए कि वह जीवन में अपनी रक्षा आप कर सके।बालकों में इतना विवेक होना चाहिए कि वे हर एक काम के गुण–दोष को भीतर से देखें।" निस्संदेह ईदगाह कहानी में प्रेमचन्द ने आर्थिक विषमता के साथ-साथ जीवन के आधारभूत यथार्थ को एक बच्चे के माध्यम से पाठकों के सामने प्रस्तुत किया है।

धन का अभाव चार वर्षीय हामिद को धन वैभव की धौंस दिखाने वाले अपने साथियों के सम्मुख पक्व मति होकर व्यवहार करने के लिए मानसिक

रूप से प्रबल बनाता है। कहानी के अन्त तक आते आते हम हामिद को बच्चा होकर भी वयस्क एवं प्रबुद्ध व्यक्ति के स्वरूप में और बुढ़िया आमीना को भोली छोकरी के हाव भाव में पाते हैं। मिठाई छोड़कर, खिलौना को बेकार समझकर तीन पैसे से मात्र चिमटा ख़रीदकर आये हामिद को देखकर वह इतना आर्द्र हो जाती है कि उसकी आँखों से आँसू की बूँदें टप-टप गिर जाती हैं। हामिद तब भी आमीना के आँसुओं का रहस्य न समझ सका था। दादी माँ की जी पूर्ण तृप्ति और सुख से भर् जाती है। वर्तमान भौतिकवादी स्वार्थी जीवन में जहां लोग अपनों को मान–सम्मान, प्रेम-स्नेह नहीं देते वहाँ अपनी दादी के लिए ऐसी सकारात्मक सोच एवं कर्म हामिद को सामान्य से विशिष्ट बनाता है और हमारी चेतना कों झकझोरता एक अनोखी आदर्श प्रस्तुत करता है।

सन्दर्भ

1. ईदगाह कहानी -प्रेमचन्द
2. हंस पत्रिका का संपादकीय -1930
3. गूगल

अध्याय-11

अज्ञेय की काव्य भाषा में चारुत्वमलंकार

व्यक्ति अस्मिता की सांस्कृतिक भूमिका का पहचान कराने वाले श्री सच्चितानन्द हीरानन्द वात्स्यायन 'अज्ञेय' जी उन गिने-चुने साहित्यकारों में से हैं, जो भाषा को जीवन में सबसे अधिक महत्त्वपूर्ण मानते हैं। उनकी दृष्टि में भाषा केवल भावों की अभिव्यक्ति का माध्यम न होकर अपनी स्वतन्त्र रचनात्मकता रखती है। श्रेष्ठ काव्य एवं साहित्य के निर्माता होकर अज्ञेय जी कविता को अनुभूति एवं भावों से मुक्ति मानते हैं। वे एक ऐसे अन्तर्मुखी कलाकार हैं, जो समाज, रूढ़ि, परम्परा आदि के प्रति विद्रोह में आत्म-विश्लेषण की प्रवृत्ति को आगे बढ़ाते हैं। अज्ञेय जी आधुनिक साहित्य के एक शलाका-पुरुष थे, जिन्होंने हिन्दी साहित्य में भारतेन्दु के बाद एक दूसरे आधुनिक युग का प्रवर्तन किया। बहुआयामी व्यक्तित्व के धनी अज्ञेय की काव्य-भाषा में अलंकार विधान, कई प्राकृतिक प्रतीक, बिम्ब और मिथक के साथ घुल-मिल गये हैं।

जहाँ शब्द के प्रयोग में चमत्कार हो अथवा सौन्दर्य हो, वहाँ शब्दालंकार तथा जहाँ अर्थ वैचित्र्य अथवा चमत्कार लक्षित हो, वहाँ अर्थालंकार है। जहाँ शब्द और अर्थ दोनों में वैचित्र्य हो, वहाँ उभयालंकार होता है। प्रकृति से ही अज्ञेय ने समस्त अर्थ व शब्द सौन्दर्य को अपनी कविताओं में उंडेल दिया है। प्रकृति की गोद से उपमानों को चुन-चुन कर सृजन क्षणों को अलंकृत करने का प्रयास जान-बूझकर किया गया प्रयोग कदापि नहीं कहा जा सकता। हालाँकि अज्ञेय के काव्य में अलंकार विधान पर विचार करते वक्त स्वयं अज्ञेय ने 'रूपांबरा' की भूमिका में लिखा है–" ...प्रकृति वर्णन का वृत्त कालिदास के समय से पूरा घूम गया है।"[1] अज्ञेय की प्रकृति सम्बन्धी कविताओं में कुछ तो विशुद्ध दृश्य चित्र हैं, कुछ में प्राकृतिक उपादानों के साथ कवि के भावात्मक

सम्बन्धों का रूपायन है और कुछ में प्राकृतिक दृश्यों से आत्मपरक संकेत निकाले गये हैं। अलंकार चाहे अर्थालंकार हो या शब्दालंकार, प्रकृति ही उनका टूल है, जहाँ से ध्वनित एवं दृश्यमान अनुभूतियों के परिष्कार से काव्य चारुता में वृद्धि लायी गयी है।

अज्ञेय की कविताओं में अर्थालंकार में ज़्यादातर उपमा का ही प्रयोग देखा जा सकता है, लेकिन रूपक, अन्योक्ति तथा उत्प्रेक्षा भी कहीं-कहीं आयी हुई हैं। प्रायः पाश्चात्य अलंकारों का प्रयोग भी दृष्टिगत होता है, जिनमें मानवीकरण, ध्वन्यार्थ व्यंजना, विशेषण विपर्यय आदि प्रमुख हैं। अधिकांश कविताओं में विभिन्न अलंकारों की छटा मात्र विद्यमान है। प्रकृति को माध्यम बनाकर ही कवि ने अलंकारों के विशेष प्रयोग किये हैं। आत्म निरीक्षण एवं शोध की सक्रिय पृष्ठभूमि में समस्त कविताओं की अलंकार योजना गढ़ित हुई है। पाश्चात्य साहित्य में प्रस्तुत अलंकार आधुनिक साहित्य के अनुरूप कविताओं में प्रयत्नविहीन रूप में आये हुए हैं।

उपमा एवं उत्प्रेक्षा : कविताओं के माध्यम से अज्ञेय के शब्दालंकार और अर्थालंकार को समझने पर यह स्पष्ट होता है कि उनके काव्य में उपमा की अपेक्षा रूपक अलंकार की योजना अधिक प्राप्त होती है। अन्य अलंकारों में कवि की विशेष आस्था नहीं दिखायी देती। इसका कारण यह हो सकता है कि अन्य अलंकारों की योजना तब तक सम्भव नहीं होती जब तक कवि स्वयं उसके लिए यत्न और उद्योग न करे। उपमा और रूपक तो स्वभावतः अनाहूत रूप में काव्य-सौन्दर्यवर्द्धन के लिए स्वतः उपस्थित हो जाते हैं। अज्ञेय ने उपमा अलंकार का प्रयोग सर्वाधिक किया है। उनके लेखन में विशेष रूप से प्रकृति के प्रति आकर्षण मुखर रूप में दिखायी देता है। प्रकृति की लययुक्त गति के साथ उगने या बढ़ने वाली हर वस्तु में अज्ञेय को गहरी दिलचस्पी है–पक्षी, वृक्ष, हाथी, मानव-शिशु, नगर और कस्बों का समाज, सभी उनके काव्य में बारीकी से समाहित होते हैं। अज्ञेय नगर के कोलाहल से दूर, कृत्रिमता से मुक्त सहज जीवन के आकांक्षी हैं। उनकी एक चर्चित कविता 'हरी घास पर क्षण भर' में वे हरी घास की तुलना सन्तुष्ट एवं संयत शान्त व्यक्ति से करते हैं। इसमें प्रकृति के अनेक कार्य-व्यापार एक साथ प्रतिफलित होते हैं और प्राकृतिक उपमानों को प्रतीकात्मक आयामों में प्रस्तुत किया गया

है। यह पशु और मनुष्य के सहज साहचर्य और संगति का सुस्पष्ट प्रयोग है। पंक्तियाँ इस प्रकार हैं–

> क्षणभर अनायास हम याद करें/तिरती नाव नदी में,
> धूल भरे पथ पर आषाढ़ की भभक, झील में साथ तैरना,
> हँसी अकारण खड़े महा-वट की छाया में,
> बदन घाम से लाल, स्वेद से जमी अलट-लट,
> चीड़ों का वन, साथ-साथ दुलकी चलते दो घोड़े,
> गीली हवा नदी की, फूले नथुने, भर्राई सीटी स्टीमर की
> खण्डहर, गुथित उँगलियाँ, बाँसे का मधु/डाकिए के पैरों की चाप
> अधजाती बबूल की धूल मिली-सी गंध/झरा रेशम शिरीष का

कविता के पद[2] एक पूरी चित्र-शृंखला या कोलाज बनाते हैं अज्ञेय– जिसमें पशु, पक्षी, मनुष्य, प्रकृति और तमाम चीजें शामिल हैं और इसके माध्यम से वे हमें मुक्ति और सीमाहीन खुलेपन के बोध की तरफ ले जाते हैं। अज्ञेय की सांकेतिक सूक्ष्मता, विशेषण विपर्यय, भाषिक संवेदनशीलता और आडम्बर विहीन नव आलंकारिक प्रयोग अधिक विकसित रूप में मिलते हैं। उनमें निराला की शब्द-चेतना और सांकेतिक स्वरबोध तथा पंत का रंगबोध, गंधबोध और ध्वनिबोध इस प्रकार घुल-मिल जाते हैं कि एक विशिष्ट और अलग छटा उभरकर सामने आती है।

अज्ञेय जी ने 'नखशिख' कविता में रीतिकालीन नखशिख जैसा स्वरूप अपनाया है, लेकिन प्रयुक्त उपमा नयी है और प्रभाव नया है। नया सादृश्य विधान उनकी काव्य भाषा को सर्जनात्मक वैशिष्ट्य तथा यथार्थ भावबोध प्रदान करता है।

तुम्हारी देह/मुझको कनकचम्पे की कली है/दूर से ही स्मरण में भी गंध देती है

(रूप स्पर्शातीत वह जिसकी लुनाई/कुहासे सी चेतना को मोह ले)/तुम्हारे नैन/पहले भोर की दो ओस बूँदें हैं

अछूती, ज्योतिमय, भीतर द्रवित।/(मानो विधाता के हृदय में/जग गयी हो भाप कणा की अपरिमित)

तुम्हारे ओठ/पर उस दहकते दाड़िम पुहप को/मूक ताक़ता रह सकूँ मैं/ (सह सकूँ मैं ताप उष्मा को/मुझे जो लील लेती है।)[3]

'दूर्वाचल' कविता में प्रकृति के साथ एक मौन संवाद और उसके प्रति एक तीव्र आकर्षण का भाव है। इसमें उपमान नये हैं। मानसिक भावों से प्राकृतिक वस्तुओं की उपमा दी गयी है। 'दूर्वाचल' कविता की पंक्तियाँ इस प्रकार हैं–

'पार्श्व गिरि का नम्र, चीड़ों में/डगर चढ़ती उमंगों-सी
बिछी पैरों में नदी ज्यों दर्द की रेखा।/विहग-शिशु मौन नीड़ों में'

'कलगी बाजरे की' कविता में अज्ञेय बाजरे की कलगी के बहाने अपनी प्रयोगधर्मी चेतना को स्पष्ट करते हैं। उनका मानना है कि घिसे और पानी उतरे, चमक विहीन उपमानों से साहित्य का शृंगार नहीं हो सकता है–

"अगर मैं तुमको ललाती सांझ के नभ की अकेली तरिका, अब नहीं कहता/बल्कि यह, उपमान मैले हो गये हैं, देवता भी इन प्रतीकों से कर गये हैं कूच/कभी बासन अधिक घिसने से मुलम्मा छूट जाता है।"

यह तो सर्वविदित है कि अज्ञेय ने जिस प्रयोगवाद की नींव डाली थी, उसमें नित्य नये प्रयोग हो रहे हैं। 'कलगी बाजरे की' कविता अज्ञेय द्वारा रचित काव्य संग्रह 'हरी घास पर क्षण भर' से ली गयी है। इस कविता में कवि ने नवीन सौन्दर्यबोध के साथ प्रकृति की महिमा को प्रस्तुत किया है। इस कविता में कवि ने 'बाजरे की कली' की सुन्दरता का चित्रण किया है। उसका सौन्दर्य कवि के अनुसार नये अलंकारों की माँग करता है। उसकी सुन्दरता की तुलना पुराने काव्य प्रतीकों के साथ नहीं की जा सकती। कवि उस बाजरे की कली के साथ-साथ उसी कली के चारों तरफ बिछली हरी घास के सौन्दर्य पर भी मुग्ध है। 'कलगी बाजरे की' कविता में घिसे-पिटे परम्परागत उपमानों की हँसी उड़ाई है और नये अनगढ़ अकाव्यात्मक उपमानों की काव्यगत सार्थकता स्पष्ट की है। अज्ञेय का मानना है कि पुरातन काव्य परम्परा में सौन्दर्य-वर्णन के लिए जिन उपमानों का प्रयोग किया जाता रहा है, वे अब पुराने और अप्रभावी हो चुके हैं। बाजरे की कली को 'सांध्य तरिका' या चम्पे की ताजी खिली कली नहीं कहा जा सकता। उसका सौन्दर्य नवीन प्रतीकों की माँग करता है–

"हरी बिछली घास। दोलती कलगी छरहरी बाजरे की।"

अज्ञेय 'बाजरे की कलगी' के बहाने अपनी प्रयोगधर्मी काव्य-चेतना को स्पष्ट करते हैं। घिसे और पानी उतरे, चमक विहीन उपमानों से साहित्य का शृंगार नहीं हो सकता है। नवीन अलंकार एवं काव्य शिल्प इस कविता का सौन्दर्य है। हिन्दी काव्य में शायद पहली बार 'बाजरे की कलगी' के सौन्दर्य पर कविता लिखी गयी है। यह सर्वथा नया विषय है। नया विषय नये सौन्दर्यबोध के साथ-साथ नवीन अलंकारों की माँग करता है। बाजरे की कलगी को कवि ईश्वर की उदारता का प्रतीक मानता है। इस कलगी के माध्यम से कवि एकांत में प्राकृतिक सौन्दर्य को अर्पित हो जाता है। प्रकृति के प्रति समर्पित हो जाना, उसके लिए परमानन्द की बात है। बाजरे की कलगी एक ऐसी आलंकारिक सृष्टि है, जो अपने समस्त सौन्दर्य को भीतर समेटे हुए है–

"सृष्टि के विस्तार का–ऐश्वर्य का-/औदार्य का- कहीं सच्चा, कहीं
प्यारा एक प्रतीक, बिछली घास है"

इस कविता के माध्यम से कवि की गहन सौन्दर्य चेतना के दर्शन होते हैं। इसमें प्रकृति का सौन्दर्य है, ईश्वर की दिव्यता का सौन्दर्य है। कवि इस बाजरे की कली की सुन्दरता का वर्णन अपने शब्दों में करता है तथा नवीन प्रतीकों, अलंकारों एवं शब्दों में इन्हें बाँधते हुए स्वयं ही इस सौन्दर्य पर मुग्ध हो जाता है–

"सचमुच इन्हे जब-जब देखता हूँ/यह खुला वीरान संसृति का घना
हो सिमट आता है-/और मैं एकांत होता हूँ समर्पित"

कवि ने इस कलगी जैसे प्राकृतिक उपमानों के माध्यम से प्रकृति के प्रति अपना प्रेम भाव स्पष्ट किया है। कवि कहता है कि आज का शहरी आदमी प्रकृति से पूरी तरह कट गया है। उनके लिए प्रकृति का उदार रूप हरी चिकनी घास तथा यह बाजरे की कली ही है–

आज हम शहरातियों को, पालतू लंच पर
संवरी जूही के फूल से, सृष्टि के विस्तार का .. प्रतीक।

कवि कहता है कि प्रकृति का यह आनन्द तभी मिल सकता है जब हम अपने अहम् को त्याग दें। छायावादी अलंकार योजना के प्रति कोई विशेष

लगाव या मोह उनकी रचनाओं में नहीं दिखायी देता। बल्कि उन्होंने यथार्थवाद का शैलीगत प्रयोग इन प्राकृतिक उपमानों के ज़रिए प्रस्तुत किया है।

'बावरा अहेरी' में 'प्रथम किरण', 'वसन्त गीत', 'ये मेघ साहसिक सैलानी', 'शरद साँझ के पंछी', 'तुम फिर आ गये क्वाँर', 'चाँदनी जी लो', 'साँझ दर्शन', 'उषा दर्शन' और 'अंधड़' जैसी प्रकृति सम्बन्धी रचनाएँ शामिल हैं। 'चाँदनी जी लो' में जीवन के उल्लास को अप्रतिम उपमानों के माध्यम से दर्शाया गया है, जहाँ शरद चाँदनी में मुग्ध कवि की चेतना चाँदनी की अनुभूति से अभिन्न हो जाती है। अर्थात्, यहाँ अनुभूति और अभिव्यक्ति एकाकार होकर कविता को नया रूपगत सौकुमार्य प्रदान करती है–

शरद चाँदनी/बरसी/अँजुली भर पी लो/ऊँघ रहे हैं तारे

'इंद्रधनु रौंदे हुए ये' में 'टेसू', 'वैशाख की आँधी' और 'सूर्यास्त' जैसी प्रकृति सम्बन्धी रचनाएँ हैं। अज्ञेय की कविताओं में प्रयुक्त 'चित्रोपमता' को इन रचनाओं में देखा जा सकता है। विशुद्ध दृश्य भाषा की चारुता का उद्घाटन यहाँ होता है। उदाहरणस्वरूप इन पंक्तियों को पढ़िए–वैशाख की आँधी से नभ अन्तर्ज्योतित है पीत किसी आलोक से/बादल की काली गुदड़ी का मोती/टोह रही है बिजली ज्यों बरछी की नोक से/कुछ जो घुमड़ रहा है क्षिति में/उसे नीम के झरते बौर रहे हैं टोक से/ठहरो, अभी झूम जायेगा अगजग।

प्रकृति के विविध रूपों और मानसिक अवस्थाओं को संग्रहित कर कविता में नव्यतम स्वरूप में ढालने वाले अज्ञेय के यहाँ एक ओर तो प्रकृति के अनेक उल्लासपूर्ण और आह्लादप्रद दृश्य हैं, वहीं दूसरी ओर कारुणिक और गम्भीर दृश्य प्रतीकों के रूप में भी प्रकृति उपस्थित होती है। उनकी कम ही रचनाएँ ऐसी हैं जहाँ केवल प्रकृति के बाह्य रूप का आलंबनगत चित्रण मिलता है; अधिकांश में दृश्य किसी चित्तवृत्ति या मनोविकार से जुड़ा होता है। 'अरी ओ करुणा प्रभामय' की 'रात में गाँव', 'धूप', 'वसन्त', 'पगडंडी', 'नदी तट : एक चित्र' आदि कविताएँ इसी श्रेणी में आती हैं। अलंकारिकता के मोह के बिना भी ये रचनाएँ बेजोड़ हैं।

सुनहली धूप के बिखरने के चित्र को अज्ञेय इस प्रकार शब्द देते हैं–

सूप-सूप भर/धूप-कनक/यह सूने नभ में गयी विखर
चौंधाया/बीन रहा है/उसे अकेला एक कुरर।

अज्ञेय ने अनेक पक्षियों को अपने काव्य में स्थान दिया है। कीर, फुलसुंघी, केकी, चातक आदि पक्षियों को विविध सन्दर्भों में प्रयोग किया गया है। 'उड़ चले हारिल' जीवन के प्रति आस्था का प्रतीक है। क्रौंच पक्षी को हिन्दी के कवियों ने वियोग का प्रतीक माना है, लेकिन अज्ञेय ऐसा नहीं मानते। उनकी दृष्टि में उसे वियोग की अपेक्षा धूर्त की उपमा देनी चाहिए। क्रौंच की एकाग्रता देखकर लगता है कि वह प्रेम में पीड़ित है, परन्तु वह तो अभी अपने चारे की तलाश में है–

क्रौंच बैठा हो कभी वाल्मीक पर तो मत समझ/वह आनुष्टुप बांचता है संगिनी से स्मरण के–

जान ले, वह दीमकों की टोह में है।

मछली अज्ञेय के काव्य का सबसे प्रमुख प्रतीक है। मछली जिजीविषा का प्रतीक है। यह प्रतीक अस्मिता के लिए संघर्षरत है–

"हम निहारते रूप:/काँच के पीछे/हाँप रही है मछली।/रूप तृषा भी
(और काँच के पीछे)/है जिजीविषा।" (अरी ओ करुणा प्रभामय)

अज्ञेय मछली के प्रतीक से रहस्य को अनावृत करते हैं। प्रतीकों के माध्यम से कवि अज्ञात सत्य की खोज करता है, तो और भी कई प्रतीक मिलते हैं–सागर और मछली, नदी, सेतु, जल पर पड़ता हुआ प्रकाश, परछाई और वह प्रकाश जो परछाई को भेद जाता है। यहाँ सब कुछ अलंकारिकता का अबोध समावेश है, जिसे चारुता कहना अनुचित नहीं होगा।

विरोधाभास : विरोधाभास दो शब्दों से मिलकर बना है–विरोध + आभास। जहाँ वाक्य में विरोध का आभास प्रकट होता है, परन्तु वास्तविक विरोध नहीं होता, वहाँ विरोधाभास अलंकार होता है। जब वाक्य में विपरीत शब्दों के माध्यम से सार्थक बात कही जाये, वहाँ विरोधाभास अलंकार होता है। "साँप" मुक्तक काव्य अज्ञेय जी के काव्य-संग्रह "इंद्र-धनु रौंदे हुए थे" से लिया गया है। कवि साँप के माध्यम से मनुष्य की ओर संकेत करते हैं कि भले ही साँप तुम नगर में बसने लगे, पर सभ्य नहीं बन पाये, तो कैसे नगरी विचारधारा की भाँति तुम्हें डसना आ गया और तुम्हें विष प्राप्त हुआ। मनुष्य के दोगले व्यक्तित्व की ओर कवि व्यंग्य करते हैं।

साँप!/तुम सभ्य तो हुए नहीं/नगर में बसना/भी तुम्हें नहीं आया/एक बात पूछूँ... (उत्तर दोगे?)

तब कैसे सीखा डसना.../विष कहाँ पाया?

वास्तव में आज के परिप्रेक्ष्य में नगरवासी बगल में रहने वाले आदमी को ही धोखा दे रहा है और साँप चुपचाप हँस रहा है। अज्ञेय जी का नगरों में रहने वाले सभ्य कहलाने वाले व्यक्तियों पर एक तीखा व्यंग्य है। नगर में अनेक ऐसे व्यक्ति हैं जो दिखने में तो सभ्य लगते हैं, किन्तु उनके दंत यानी व्यवहार साँप से भी अधिक विषैले होते हैं। सभ्य समाज में अनेक ऐसे लोग हैं जो सर्प से भी अधिक विषधारी हैं और वे समाज में ऐसा विष फैलाते हैं जिसका कोई इलाज नहीं है। साँप वास्तव में सभ्य नहीं है और ना ही नगरवासी, किन्तु नगर में सभ्य जनों की भाँति डसना जानता है, इस पर कवि को आश्चर्य होता है। मानव मात्र को डसने वाले मनुष्य पर यह कविता साँप के माध्यम से व्यंग्य करती है। नगरीय कृतघ्न जनों की तुलना साँप से की गयी है, इसलिए विरोधाभास के साथ उपमा व उत्प्रेक्षा अलंकारों की छटा विद्यमान है।

'हरि घास पर क्षण भर' में वस्तुगत संरचना ही रूपगत संरचना है। विरोधाभास द्वारा शहरी जीवन की विडम्बना एवं यांत्रिकता को व्यक्त किया गया है। साबुन को चिकन कहकर बौद्धिक जीवन की कृत्रिमता व्यक्त की गयी है–'साबुन' उपमान स्वच्छंद एवं मुक्त भावनाओं के प्रति शहरवासियों की यांत्रिकता पर व्यंग्य है। मानव मन की सहज भावनाएँ अलंकार-विहीन हरि घास का रूप लेती हैं। यही आन्तरिक अनुक्रम ही कविता का सौन्दर्य एवं ताजगी है। नि:सन्देह चारुत्वमालंकार–अलंकार रहित कहने से भी अधिक सार्थक है।

ध्वन्यर्थ व्यंजना : ध्वन्यर्थ व्यंजना ऐसे शब्दों का प्रयोग है जिससे वर्णित वस्तु-प्रसंग का ध्वनि-चित्र अंकित हो जाये। इसका प्रयोग भी राहों के अन्वेषी ने मौलिक वातावरण का जाल बिछाकर जादुई अंदाज़ में किया है। मिसाल के तौर पर अनेक ऐसी पंक्तियाँ पायी जाती हैं जहाँ ध्वनि का प्रयोग ध्वन्यर्थ व्यंजना के रूप में हुआ है। अज्ञेय का वस्तुओं का प्रेक्षण और प्रकृति पर्यवेक्षण अत्यन्त सूक्ष्म और तीक्ष्ण है। आकृति, ध्वनि, गंध और रंगों की काव्य में ऐसी पकड़ और उनकी प्रस्तुति बहुत कम कवियों में दिखायी पड़ती है।

'धूप' कविता की पंक्तियों में प्रस्तुत एक ध्वनि चित्र इस प्रकार है–

सूप-सूप भर धूप कनक/यह सूने नभ में गयी बिखर/चौंधाया बीन रहा है/ उसे अकेला एक कुरर।

अज्ञेय की कविताओं में संवेदना की अतल गहराई मिलती है। उनकी संवेदना समस्त प्रकृति में लय होती चलती है। कव्यालों के साथ थरथराना– इसीलिए वह लिखते हैं 'वन में एक झरना बहता है' कविता में–

मैं सोते के साथ बहता हूँ/पक्षी के साथ गाता हूँ

वृक्षों के कोंपलों के साथ थरथराता हूँ/और उसी अदृश्य क्रम में, भीतर ही भीतर नये प्राण पाता हूँ।

अज्ञेय की काव्य-भाषा में 'मौन' की प्रमुख भूमिका रही है। उनकी कविताओं में 'मौन' गहरी अर्थवत्ता को धारण करता है। मौन का असाधारण ध्वनि-चित्र 'असाध्य वीणा' में अपेक्षतया विस्तार से अंकित हुआ है–

"सुना आपने जो वह मेरा नहीं, न वीणा का था/वह तो सब कुछ की तथता थी–महाशून्य, महामौन।"

अलंकार ध्वन्यर्थ व्यंजना का ही नया प्रयोग यहाँ स्पष्ट है। नादात्मकता अज्ञेय की भाषा का प्राण-तत्त्व है। ये वे ध्वनियाँ होती हैं जो ख़ास प्रभाव पैदा करती हैं। इसे अज्ञेय ने अत्यन्त सावधानीपूर्वक चुना है–'वर्षा-बूँदों की पटपट', महुए का चुपचाप टपकना, सोने की खनक इत्यादि। अज्ञेय ने शब्दों के प्रयोग व निर्माण में जिस सूक्ष्मता का परिचय दिया है, उससे वे सचमुच अपनी आवश्यकताओं के अनुकूल भाषा का निर्माण कर सके हैं। भाषिक क्षमता से अजीबोग़रीब आलंकारिकता का सन्निवेश बिल्कुल स्वाभाविक सौन्दर्य-सृष्टि की तरह है।

वह प्रकृति के संसर्ग में ही अपने 'स्व' को पहचानते हैं, क्योंकि वह स्व उसी प्रकृति का अंश है, जिसके संसर्ग में आकर वह अपनी पहचान पाते हैं। रमेश चन्द्र शाह ने 'अज्ञेय' विनिबन्ध में ऐसी कविताओं के उदाहरण दिये हैं जहाँ प्रकृति एक उच्चतर नैतिक बोध के ज्वलंत दृष्टांत की तरह आती है। 'इत्यलम' संग्रह के बाद की कविताओं में अज्ञेय में प्रकृति-निरीक्षण और भी सूक्ष्मतर हुआ है।

'कतकी पूतों' की पंक्तियाँ–

पकी ज्वार से निकल शसों की जोड़ी गयी फँलागती।
सन्नाटे में बाँक नदी की जगी, चमक कर झाँकती।।

प्रति पल परिवर्तित प्रकृति के आवेगों को ही कवि ध्वन्यर्थ व्यंजना के रूप देते हैं। उनके सूक्ष्म निरीक्षण की गवाह हैं पावस प्रातः, शिलाङ और दूर्वाचल

जैसी कविताएँ। इन कविताओं में अभिव्यक्ति की तीक्ष्णता, भाव-सघनता और जीवन्त बिम्बों को देखा जा सकता है। यहाँ उनकी पावस-प्रात:, शिलाङ कविता पढ़ना समीचीन होगा–

भोर बेला, सिंची छत से ओस की टिप-टिप/पहाड़ी काक की विजन को पकड़ती-सी क्लोत बेसुर डाक/'हाक्! हाक्! हाक्!'

मत सँजो यह स्निग्ध सपनों का अलस सोना/रहेगी बस एक मुट्ठी खाक्!/'धाक्! धाक्! धाक्!'

यह कविता अज्ञेय की लयात्मक संवेदना के वैशिष्ट्य को सूचित करती है। इससे ध्वन्यर्थ व्यंजना का प्रभाव भी सुस्पष्ट होता है।

अन्योक्ति : जहाँ उपमान के बहाने उपमेय का वर्णन किया जाये या कोई बात सीधे न कहकर किसी के सहारे कही जाये, वहाँ अन्योक्ति अलंकार होता है।

उड़ चल हारिल लिए हाथ में/यही अकेला ओझा तिनका/उषा जाग उठी प्राची में/कैसी बाट भरोसा किनका/शक्ति रहे तेरे हाथ में/छूट न जाये यह चाह सृजन की/शक्ति रहे तेरे हाथों में/रुक न जाये यह गति जीवन की...

यहाँ हारिल के द्वारा अन्योक्ति अलंकार प्रस्तुत किया गया है।

रूपक : जब गुण की अत्यन्त समानता के कारण उपमेय को ही उपमान बता दिया जाये, यानी उपमेय और उपमान में अभिन्नता दर्शायी जाये, तब वह रूपक अलंकार कहलाता है। रूपक अलंकार में उपमान और उपमेय में कोई अन्तर नहीं दिखायी पड़ता।

अज्ञेय के शब्द-प्रयोग में एक अद्‍भुत तराश दिखायी देती है; अनावश्यक शब्दों का प्रयोग न के बराबर है। असाध्य वीणा में ये सब रूपक अलंकार के उदाहरण भी हैं, जहाँ केश और कंबल रूप सादृश्य से बिल्कुल घुल-मिल गये हैं–

"आ गये प्रियंवद! केशकम्बली! गुफा गेह!/राजा ने आसन दिया।"

यहाँ उपमा और रूपक के साथ-साथ अनुप्रास अलंकार का भी प्रयोग हुआ है।

व्यक्तित्व की अद्वितीयता को प्रकट करने के लिए मुक्त छंद के साथ जिन उपमानों का सहारा लिया गया है, वे सर्वथा अनूठे और नये हैं। 'यह दीप अकेला' की पंक्तियाँ इस प्रकार हैं–

यह समिधा–ऐसी आग हठीला/विरला सुलगाएगा/यह दीप अकेला, स्नेह भरा/है गर्व भरा मदमाता/पर इसको भी पंक्ति को दे दो।

कहा जा सकता है कि दीपक यहाँ उस व्यक्ति का प्रतीक है जो स्नेह से भरा है और अपनी शक्तियों के अहंकार में चूर रहता है। अहंकार का मद हमें अपनों से दूर करता है। यहाँ प्रयुक्त प्रायः सभी प्रतीक, जैसे 'दीप', रूपक अलंकार की छटा से युक्त हैं। यहाँ उपमेय और उपमान में कोई अन्तर नहीं बताया गया है।

मानवीकरण : यहाँ अमानव (पशु-पक्षी, पेड़-पौधे व निर्जीव पदार्थ) में मानवीय गुणों का आरोप होता है।

अज्ञेय की काव्य कृतियों में प्रकृति का मानवीकरण हुआ है। इसमें रहस्यात्मक अनुभूति भी है और यथार्थ बोध भी। प्रकृति के अनेक भव्य चित्रों का अंकन सचेतन प्राणी की भाँति अनुभववेद्य होता है, इसलिए इसे मानवीकरण अलंकार माना जा सकता है। 'वसन्त आ गया' कविता में मानवीकरण अलंकार देखा जा सकता है–

मलयज का झोंका बुला गया/खेलते से स्पर्श से/रोम-रोम को कंपा गया/ जागो-जागो

जागो सखि, वसन्त आ गया जागो/पीपल की सूखी खाल स्निग्ध हो चली/सिरिस ने रेशम से वेणी बाँध ली

नीम के भी बौर में मिठास देख/हँस उठी है कचनार की कली/टेसुओं की आरती सजा के/बन गयी वधू वनस्थली

स्नेह भरे बादलों से/व्योम छा गया/जागो-जागो/जागो सखि, वसन्त आ गया जागो

क्षणवादी कवि की क्षण की महत्ता को उजागर करने वाली 'समय क्षण-भर थमा' (कितनी नावों में कितनी बार) शीर्षक कविता की पंक्तियाँ इस प्रकार हैं–

समय क्षण भर थमा सा/फिर तोल डैने/उद गया पंछी क्षितिज की ओर/ मद्धिम लालिमा ढरकी अलक्षित। /तिरोहित हो चली ही थी कि सहसा/

फूट तारे ने कहा : रे समय/तू क्या थक गया?/रात का संगीत फिर/ तिरने लगा आकाश में।

यहाँ समय एवं तारों का मानवीकरण किया गया है। संवाद रूप में प्रस्तुत कविता में अनायास आयी आलंकारिकता का सौन्दर्य असीम है। पंछी, आकाश और सहसा फूटे तारे के साथ प्रकृति को नये तथ्य और ज्ञान के आलोक में प्रस्तुत किया गया है, एक नयी वैज्ञानिक दृष्टि के साथ। प्रकृति से वे प्रतीकों को ग्रहण करते हैं जो एक जीवन-दर्शन सामने रखते हैं। उनके यहाँ प्रकृति के शान्त-सौम्य रूप अधिक मुखर हैं, जो उनके परिवेश से गहरे जुड़े हुए हैं। अज्ञेय तक आकर कवि का रिश्ता प्रकृति से वही नहीं रहता जो पहले था। एक मानवीय दृष्टि का विकास उनकी कविता में देखने को मिलता है। अब प्रकृति काव्य का आलंबन न रहकर उद्दीपन होती जाती है और उसका फलक भी व्यापक होता जाता है। इसे उनकी एक छोटी सी कविता 'खुल गयी नाव' में देखा जा सकता है–

खुल गयी नाव/घिर आयी संध्या, सूरज डूबा सागर तीरे धुँधले पड़ने से जल-पंछी

भर धीरज से मूक लगे मँडलाने/सूना तारा उगा, चमक कर, साथी लगा बुलाने।

ढलती शाम के साथ विदा की मूर्छित व्यथा का धीरे-धीरे जागना–प्रकृति और व्यक्ति के सम्बन्धों को एक नयी दीप्ति से उद्भासित करता है। प्रकृति के विविध चित्रों के साथ मानवीय भावनाओं के संगुफन की कला में अज्ञेय माहिर हैं। प्रकृति तो मात्र बहाना है, उसके माध्यम से व्यक्ति-मन में जो घर रहा है या जो संकेतित है, वही महत्त्वपूर्ण है। वैकल्पिक अनुभव की तीव्रता प्रकृति के रूप को स्पष्ट करती है। एक द्वन्द्वात्मक सम्बन्ध जीवन और प्रकृति में है। अज्ञेय की कविता 'तुम कदाचित् न भी जानो' में इस रिश्ते की पहचान मानवीकरण के द्वारा की जा सकती है–

मंजरी की गंध भारी हो गयी है/अलस है गुंजार भौरे की–अलस और उदास।

क्लांत पिक रह-रह तड़प कर कूकता है जा रहा मधु-मास/मुस्कराते रूप।

तुम कदाचित न भी जानो–यह विदा है/ओस-मधुकण : वस्त्र सारे सीझ कर श्लथ हो गये हैं।

मानवीकरण अलंकार के प्रयोग द्वारा अज्ञेय प्रकृति को जीवन के तनावों और संघर्षों के साथ रखकर देखते हैं। अज्ञेय का प्रकृति से जो रागात्मक

सम्बन्ध है, वह शब्दों एवं उपमानों के रूप में काफ़ी अनुसन्धान के बाद कविता में प्रयोग की तरह प्राप्त होता है।

विशेषण विपर्यय : जहाँ किसी वस्तु का विशेषण उससे सम्बन्धित दूसरी वस्तु में विशेष अर्थ से सम्बन्धित करने में प्रयुक्त किया जाता है, वहाँ विशेषण-विपर्यय अलंकार होता है। अज्ञेय बहुत बार अपनी संवेदना को सृष्टि, रचना के साथ संयुक्त करके चलते हैं। 'उधार' कविता में जीवन को वह इस तरह देखते हैं जैसे सागर में एक मछली होकर। कविता में कवि धूप से गर्मी, चिड़िया से मिठास, घास की पत्ती से हरियाली और किरणों से उजास माँगता है। वह हवा से खुलापन और एक साँस, लहर से उल्लास तथा आकाश से एक झपकती पलक जितनी असीमता चाहता है। वह प्रकृति से इन सब चीज़ों को पाता है और यही जीवन जीने की कला है।

सबसे उधार माँगा, सबने दिया/यों मैं जिया और जीता हूँ क्योंकि यह सब तो जीवन है–/गरमाई, मिठास, हरियाली, उजाला,/गंधवाही मुक्त खुलापन।

यहाँ अभिव्यक्ति के द्वारा प्राकृतिक दृश्य की अनुभूति विशेषण का रूप लेती है, अत: विशेषण-विपर्यय अलंकार देखा जा सकता है।

अनुप्रास: जब किसी वर्ण की बार-बार आवृत्ति होने से काव्य में चमत्कार उत्पन्न हो तो उसे अनुप्रास अलंकार कहते हैं। यह सर्वविदित है कि अज्ञेय-काव्य में शब्दालंकारों का विशेष महत्त्व नहीं है, फिर भी कई स्थानों पर अनुप्रास का प्रयोग जैसे कवि के अनजाने में आया हुआ है। उनके प्रयोग में कवि का प्रयत्न नहीं दीखता। अत: उनके प्रयोग में भी मिथ्या औपचारिकता नहीं लक्षित होती है।

अनुप्रास अलंकार के प्रयोग करते हुए वे इसके माध्यम से शब्द-क्रीड़ा न कर शब्द-संगीत को ध्वनित करना चाहते हैं। इसके सम्बन्ध में हम उदाहरण प्रस्तुत करेंगे–

'ओ निसंग ममेतर' में व्यक्ति की अस्मिता की पहचान ममेतर समष्टि के द्वारा स्थापित करायी गयी है। अन्त्यानुप्रास 'ना' के द्वारा उक्त तथ्य को यहाँ ध्वनित किया गया है। इन पंक्तियों को देखिए–

जीना सुलगना है/जागना उमँगना है/चीन्हना चेतना का/तुम्हारे रंग रंगना है।

मम से ममेतर की ओर का यह प्रयाण, लेन-देन का विलयन, जीवन की गति और धारा प्रवाह को परस्पर पोषक सिद्ध करता है। कवि ने 'परस्पर' शब्द में अनुप्रास का संगीत लगाया है–

'हम परस्पराशी हैं क्योंकि परस्परपोषी हैं, परस्परजीवी हैं'।

'एक' शब्द की पुनरावृत्ति करके जीवन के अनेक आयामों को पूरी तरह आवाहन किया गया है। 'हेमंत का गीत' कविता की पंक्तियाँ इस प्रकार हैं–

एक आग जो पकाती है/एक जो मीठा घाम है/एक जो आँखों में सुलगती है

एक जो झुलसाती है/एक जो साक्षी है/एक जो सहलाती है, अदृश्य बाल देती है, जो न हो तो हम रीते हैं।

'हरि घास पर क्षण भर' की पंक्तियाँ इस प्रकार हैं–

हो प्रकृतस्थ : तनो मत कटी-छँटी उस बाड़ सरीखी,

नमो, खुल खिलो, सहज मिलो/अन्तःस्मित, अन्त-संयत हरी घास-सी।

यह कहा जा सकता है कि पुनरुक्ति और प्रास के द्वारा, जैसे ही भावों में सघनता उत्पन्न होती है, वह केवल प्रतीति नहीं, बल्कि जादू की तरह प्रभावी होती है। शब्द वास्तव में जादू होते हैं और अज्ञेय जी ने इनके सफल विन्यास से इस जादू का पूरा प्रयोग किया है।

निष्कर्ष

अज्ञेय की कविता में अभिव्यक्त रहस्यानुभूति और बदलती प्रकृति की रागात्मकता गहरे मेल में हैं, जो शिल्पिक स्तर पर नवीन उपमानों और रूपकों के माध्यम से काव्यबिम्बों और प्रतीकों का एक विशाल चित्र रचते हैं। यह चित्र एक अनोखे कैनवस पर अंकित होता है, जिसका स्वरूप छायावाद और समकालीन कविता के तेवर से बिल्कुल भिन्न है। छायावादोत्तर कविता में प्रयोगवाद के अग्रणी कवि के रूप में अज्ञेय का महत्त्व निर्विवाद रूप से स्थापित है। अज्ञेय के यहाँ व्यक्ति और स्वातन्त्र्य की खोज की प्रक्रिया, उनकी काव्य संवेदना को एक ऐसे संवाद के रूप में प्रस्तुत करती है, जो आत्म और विराट सत्ता के बीच निरन्तर तनावपूर्ण दुनिया का प्रतिनिधित्व करता है। अज्ञेय के सन्दर्भ में इसे 'मम' और 'ममेतर' के संवाद के रूप में समझना उपयुक्त होगा। अज्ञेय भाषा को नहीं, बल्कि शब्द को प्रधान मानते

हैं। उनके लिए शब्द, साधक भी है, साध्य भी है और साधन भी। दरअसल, अज्ञेय की समस्या दोहरी है–वह एक ओर शब्द पाना चाहते हैं और दूसरी ओर, उसे शब्दातीत रूप में भी प्राप्त करना चाहते हैं। यही कारण है कि शब्द की यात्रा मौन से होते हुए महामौन तक पहुँचती है। अलंकारिकता का मोह न होने के कारण, जो भी उनकी अभिव्यक्ति के पक्ष को सजाया-संवारा गया है, वह उनकी काव्य विषयक प्रतिभा ही मानी जानी चाहिए।

आधार एवं सहायक ग्रन्थ

1. आधुनिक हिन्दी के प्रकृति काव्य का संकलन और विवेचन –सम्पादक अज्ञेय
2. कविता कोश वेबसाइट
3. गद्य कोश http://gadyakosh.org ›

काव्य शास्त्र –डॉ. भागीरथ मिश्र
काव्य प्रदीप –राम बहोरि शुक्ल
कितनी नावों में कितनी बार –अज्ञेय
अज्ञेय-काव्य में प्राग्बिम्ब और मिथक –डॉ. सी. एस. राजन
अस्मिता–डॉ. जगदीश प्रसाद श्रीवास्तव, डॉ. जितेन्द्र नाथ पाठक (सम्पादक)
कविता कोश वेबसाइट–www.Kavithakosh
वर्ड प्रेस.कॉम
अमर उजाला–ई पत्रिका
हिन्दी समय–ई पत्रिका www.hindisamay.com

अध्याय-12

भारत में पर्यावरण संरक्षण के विभिन्न आन्दोलन : एक अध्ययन

पर्यावरण पर मनुष्य ही नहीं, बल्कि सभी जीव-जन्तु, पेड़-पौधे, प्राकृतिक वनस्पतियाँ आदि पूरी तरह निर्भर हैं। पर्यावरण के बिना जीवन की कल्पना ही नहीं की जा सकती है, क्योंकि पर्यावरण ही पृथ्वी पर जीवन के अस्तित्व का एकमात्र आधार है। पर्यावरण ही हमें स्वस्थ जीवन जीने के लिए शुद्ध जल, शुद्ध वायु और शुद्ध भोजन उपलब्ध करवाता है। 'परि' और 'आवरण' मिलकर पर्यावरण शब्द बना है, जिसका अर्थ है 'चारों तरफ से घिरा हुआ'। नदी, तालाब, भूमि, वायु, पौधे, पशु-पक्षी आदि सभी मिलकर पर्यावरण का निर्माण करते हैं। पर्यावरण मनुष्यों के साथ-साथ धरती के सभी जीवों के जीवन को प्रभावित करता है। सन् 1973 से प्रत्येक वर्ष 5 जून को विश्व पर्यावरण दिवस मनाया जाता है। भारत में विकास के साथ-साथ पर्यावरण आधारित संघर्ष भी बढ़ते जा रहे हैं क्योंकि ये विकास-नीति कहीं न कहीं पर्यावरणीय सन्तुलन को ख़तरे में डालकर बनायी जा रही है। सार्वजनिक नीति में परिवर्तन के माध्यम से पर्यावरण की रक्षा के लिए होने वाले विरोध को पर्यावरण आन्दोलन कहा जा सकता है।

भारत में पर्यावरण आन्दोलन मूल रूप से लोगों के जल, जंगल और ज़मीन से जुड़े परम्परागत अधिकारों को पुन: स्थापित करने के संघर्ष से जुड़े हैं। ये आन्दोलन आधुनिक विकासवादी सभ्यता की आलोचना ही नहीं करते, बल्कि विकल्प भी पेश करते हैं। कर्नाटक के उत्तर कन्नड़ क्षेत्र में यह आन्दोलन वनों की सुरक्षा के लिए पांडूरंग हेगडे के नेतृत्व में शुरू हुआ।

इनका मुख्य उद्देश्य वनों को संरक्षित करना, जैव विविधता की रक्षा करना तथा वन संसाधनों में आम आदमी की भागीदारी सुनिश्चित करना है। अगले ज़मीन से जुड़े आन्दोलन हैं, जो मिट्टी की उर्वरा शक्ति बढ़ाने, मिट्टी का कटाव रोकने तथा बड़ी परियोजनाओं के कारण विस्थापित लोगों के अधिकारों को बचाने के लिए संघर्षरत हैं। पर्यावरणवाद, प्राकृतिक पर्यावरण की क़ानून द्वारा रक्षा, सुधार तथा पुनर्स्थापन का पक्ष लेता है। पर्यावरण की सुरक्षा के लिए भारत में चलाये गये प्रमुख आन्दोलन हैं–बिश्नोई आन्दोलन (1730), चिपको आन्दोलन (1973), साइलेंट वैली बचाओ आन्दोलन (1978), जंगल बचाओ आन्दोलन (1982), एप्पिको आन्दोलन (1983), नर्मदा बचाओ आन्दोलन (एनबीए) (1985), मैती आन्दोलन आदि।

बिश्नोई आन्दोलन

पर्यावरण को बचाने के लिए राजस्थान और देश के अन्य राज्यों में रहे बिश्नोई पंथ के लोगों का अहम् योगदान है। बिश्नोई भारत का एक धार्मिक सम्प्रदाय है, जिसके अनुयायी राजस्थान, हरियाणा, पंजाब, उत्तर प्रदेश और मध्य प्रदेश आदि प्रदेशों में पाये जाते हैं। 15वीं शताब्दी में राजस्थान में एक सन्त थे–सन्त जांभोजी, जिन्हें स्थानीय लोग भगवान जांभेश्वर जी कहते हैं। इनके द्वारा शुरू किया गया था–बिश्नोई आन्दोलन। श्रीगुरु जांभेश्वर को बिश्नोई पंथ का संस्थापक माना जाता है। इस सम्प्रदाय के संस्थापक ने अपने अनुयायियों के लिए 29 नियम दिये थे। 'बिश्नोई' दो शब्दों से मिलकर बना है–बीस + नौ, अर्थात् जो उनतीस नियमों का पालन करता है। इन्हीं 29 नियमों अर्थात् बीस और नौ के कारण ही इस सम्प्रदाय का नाम बिश्नोई पड़ा। यह प्रकृति पूजकों का अहिंसात्मक समुदाय है। सन्त जांभोजी को मानने वाले बिश्नोई समुदाय के लोग वृक्षों की पूजा और संरक्षण करते थे। यह आन्दोलन वनों की कटाई के ख़िलाफ़ 1700 ईस्वी के आसपास ऋषि सोमजी द्वारा शुरू किया गया था। उसके बाद अमृता देवी ने आन्दोलन को आगे बढ़ाया। इस आन्दोलन से सीख लेकर सन् 1731 ई. में अमृता देवी बिश्नोई ने अपनी तीन बेटियों सहित वनों की कटाई को रोकने के लिए अपने प्राण दे दिये। इसके विरोध में बिश्नोई समुदाय के 363 लोग मारे गये थे। जब इस क्षेत्र के राजा को विरोध और हत्या

का पता चला तो वह गाँव गये और माफी माँगी तथा क्षेत्र को संरक्षित क्षेत्र घोषित कर दिया। उल्लेखनीय है कि यह क़ानून आज भी मौजूद है। जोधपुर के खेजड़ली गाँव में 12 सितम्बर 1730 को 363 बिश्नोई समाज के लोगों ने अपनी जान देकर पेड़ों की रक्षा की थी।

इस आन्दोलन को 'खेजड़ली आन्दोलन' भी कहते हैं। इन्हीं के नाम पर राजस्थान सरकार पर्यावरण संरक्षण करने वाले व्यक्तियों और संस्थानों को 'अमृता देवी पर्यावरण पुरस्कार' देती है। सन्त व गुरु जांभेश्वर द्वारा बताये गये नियमों का बिश्नोई समुदाय ख़ूब पालन करता है, वहीं इसके समृद्धीकरण के लिए ख़ूब प्रयास भी करता है। इस आन्दोलन से यह निस्सन्देह कहा जा सकता है कि पर्यावरण संरक्षण की जागरूकता व पर्यावरण के प्रति प्रेम हमारे इतिहास में ही अधिक मजबूती से विद्यमान है।

चिपको आन्दोलन

चिपको आन्दोलन की शुरुआत 26 मार्च 1974 में वर्तमान उत्तराखण्ड [तब का उत्तर प्रदेश] के रैणी गाँव के जंगलों में लगभग 2500 पेड़ों की कटाई के लिए नीलामी से हुई थी। इस कटाई को रोकने के लिए गौरा देवी तथा अन्य स्थानीयों एवं महिलाओं ने कटाई और नीलामी के विरोध में उन्हें रोकने के लिए पेड़ों को पकड़कर उनसे चिपक कर खड़ी हो गयीं। यह आन्दोलन शान्त एवं अहिंसक रहा। व्यवसाय के लिए वनों की कटाई को रोकना चिपको आन्दोलन का प्रमुख उद्देश्य था। इस भारी विरोध और पर्यावरण के प्रति संवेदना देखकर अन्त में सरकार के साथ वन्यजीव अधिकारियों ने गौरा देवी की बात को स्वीकार कर लिया। इसके साथ ही वनों की नीलामी बन्द कर दी गयी।

चिपको आन्दोलन के पीछे एक पारिस्थितिक और आर्थिक पृष्ठभूमि है। जिस भूमि में यह आन्दोलन उपजा, वह 1970 में आयी भयंकर बाढ़ का अनुभव कर चुका था। इस बाढ़ से 400 कि.मी. दूर तक का इलाका ध्वस्त हो गया तथा पाँच बड़े पुल, हजारों मवेशी, लाखों रुपये की लकड़ी व ईंधन बहकर नष्ट हो गये। बाढ़ के पानी के साथ बही गाद इतनी अधिक थी कि उसने 350 कि.मी. लम्बी ऊपरी गंगा नहर के 10 कि.मी. तक के क्षेत्र में

अवरोध पैदा कर दिया, जिससे 8.5 लाख एकड़ भूमि सिंचाई से वंचित हो गयी थी और 48 मेगावाट बिजली का उत्पादन ठप हो गया था। अलकनन्दा की इस त्रासदी ने ग्रामवासियों के मन पर एक अमिट छाप छोड़ी थी और उन्हें पता था कि लोगों के जीवन में वनों की कितनी महत्त्वपूर्ण भूमिका होती है। चिपको आन्दोलन को ब्रिटिशकालीन वन अधिनियम के प्रावधानों से जोड़ कर भी देखा जा सकता है, जिनके तहत पहाड़ी समुदाय को उनकी दैनिक आवश्यकताओं के लिए भी वनों के सामुदायिक उपयोग से वंचित कर दिया गया था।

स्वतन्त्र भारत के वन-नियम क़ानूनों ने भी औपनिवेशिक परम्परा का ही निर्वाह किया है। वनों के नज़दीक रहने वाले लोगों को वन-सम्पदा के माध्यम से सम्मानजनक रोज़गार देने के उद्देश्य से कुछ पहाड़ी नौजवानों ने 1962 में चमोली जिले के मुख्यालय गोपेश्वर में दशौली ग्राम स्वराज्य संघ बनाया था। उत्तर प्रदेश के वन विभाग ने संस्था के काष्ठ-कला केन्द्र को सन् 1972-73 के लिए अंगू के पेड़ देने से इन्कार कर दिया था। पहले ये पेड़ नजदीक रहने वाले ग्रामीणों को मिला करते थे। गाँव वाले इस हल्की लेकिन बेहद मजबूत लकड़ी से अपनी ज़रूरत के मुताबिक खेती-बाड़ी के औजार बनाते थे। गाँवों के लिए यह लकड़ी बहुत ज़रूरी थी। पहाड़ी खेती में बैल का जुआ सिर्फ़ इसी लकड़ी से बनाया जाता रहा है। पहाड़ में ठण्डे मौसम और कठोर पथरीली ज़मीन में अंगू के गुण सबसे खरे उतरते हैं। इसके हल्केपन के कारण बैल थकता नहीं। यह लकड़ी मौसम के मुताबिक न तो ठण्डी होती है, न गरम, इसलिए कभी फटती नहीं है और अपनी मजबूती के कारण बरसों तक टिकी रहती है। वन विभाग ने खेल-कूद का सामान बनाने के लिए वन से अंगू के पेड़ काटने की इजाजत दे दी।

चिपको आन्दोलन का मूल केन्द्र रैणी गाँव (जिला चमोली) था, जो भारत-तिब्बत सीमा पर जोशीमठ से लगभग 22 किलोमीटर दूर ऋषिगंगा और विष्णुगंगा के संगम पर बसा है। वन विभाग ने इस क्षेत्र के अंगू के 2451 पेड़ साइमंड कम्पनी को ठेके पर दिये थे। इसकी ख़बर मिलते ही चंडी प्रसाद भट्ट के नेतृत्व में 14 फरवरी, 1974 को एक सभा की गयी, जिसमें लोगों को चेताया गया कि यदि पेड़ गिराये गये, तो हमारा अस्तित्व ख़तरे में पड़ जायेगा।

ये पेड़ न सिर्फ़ हमारी चारे, जलावन और जड़ी-बूटियों की ज़रूरतें पूरी करते हैं, बल्कि मिट्टी का क्षरण भी रोकते हैं। दूर-दराज के गाँवों में चिपको का सन्देश पहुँचाने के लिए विभिन्न पद्धतियों का सहारा लिया गया, जिनमें प्रमुख थे–पदयात्राएँ, लोकगीत तथा कहानियाँ आदि। लोकगायकों ने उत्तेजित करने वाले गीत गाये। सुन्दरलाल बहुगुणा के नेतृत्व में चमोली जिले में पदयात्राओं का आयोजन हुआ। आन्दोलन तेजी से पहले उत्तरकाशी और फिर पूरे पहाड़ी क्षेत्र में फैल गया। जागृत पर्वतवासियों के गहरे दर्द ने पदयात्रियों, वैज्ञानिकों और राजनीतिज्ञों के दिलोदिमाग पर भी असर किया।

चिपको आन्दोलन को एक महिला आन्दोलन के रूप में जाना जाता है। इसके अधिकांश कार्यकर्ताओं में महिलाएँ ही थीं तथा यह आन्दोलन नारीवादी गुणों पर आधारित था। 26 मार्च, 1974 को जब ठेकेदार रैणी गाँव में पेड़ काटने आये, उस समय पुरुष घरों पर नहीं थे। गौरा देवी के नेतृत्व में महिलाओं ने कुल्हाड़ी लेकर आये ठेकेदारों को यह कह कर जंगल से भगा दिया कि यह जंगल अपना मायका है, इसे कटने नहीं देंगी। औरत ही ईंधन, चारे, पानी आदि को एकत्रित करती हैं। उनके लिए जंगल का प्रश्न उनकी जीवन-मृत्यु का प्रश्न है। चिपको आन्दोलन ने 'वन्दना शिवा' को विकास के एक नये सिद्धान्त–'पर्यावरण नारीवाद' के लिए प्रेरणा दी, जिसमें पर्यावरण तथा नारी के बीच अटूट सम्बन्धों को दर्शाया गया है। जंगलों की अंधाधुंध कटाई के ख़िलाफ़ आवाज़ उठाने में महिलाओं ने सक्रिय भूमिका अदा की है। चिपको ने उन पहाड़ी महिलाओं को, जो हमेशा घर की चारदीवारी में ही कैद रहती थीं, बाहर निकाल कर लोगों के बीच प्रतिरोध करने तथा अपने आपको अभिव्यक्त करने का मौका दिया। इसने यह भी दर्शाया कि किस प्रकार महिलाएँ पेड़-पौधों से सम्बन्ध रखती हैं और पर्यावरण के विनाश से कैसे उनकी तकलीफें बढ़ जाती हैं। अतः चिपको केवल पर्यावरणीय आन्दोलन ही नहीं है, बल्कि पहाड़ी महिलाओं के दुख-दर्द, उनकी भावनाओं की अभिव्यक्ति का भी आन्दोलन है।

इस आन्दोलन के जनक सुन्दरलाल बहुगुणा, गौरा देवी, चंडी प्रसाद भट्ट तथा अन्य कार्यकर्ताओं के साथ ज्यादातर महिलाएँ थीं। इसका प्रभाव हिमाचल प्रदेश, दक्षिण कर्नाटक, पश्चिम राजस्थान, पूर्व बिहार और मध्य

भारत में देखा गया। इस आन्दोलन के साथ ही विंध्य पर्वतमाला में वृक्षों की कटाई को रोकने में सफलता प्राप्त की गयी। यह पर्यावरण के प्रति जागरूकता, सचेतना और नीतियों के कार्यान्वयन में सफल आन्दोलन रहा है।

साइलेंट वैली आन्दोलन

केरल की शान्त घाटी 89 वर्ग किलोमीटर क्षेत्र में है, जो अपनी घनी जैव-विविधता के लिए मशहूर है। 1980 में यहाँ कुंतीपूंझ नदी पर एक परियोजना के अन्तर्गत 200 मेगावाट बिजली निर्माण हेतु बाँध का प्रस्ताव रखा गया। केरल सरकार इस परियोजना के लिए बहुत इच्छुक थी, लेकिन इस परियोजना के विरोध में वैज्ञानिकों, पर्यावरण कार्यकर्ताओं तथा क्षेत्रीय लोगों के स्वर गूँजने लगे। इनका मानना था कि इससे इस क्षेत्र के कई विशेष फूलों, पौधों तथा लुप्त होने वाली प्रजातियों को ख़तरा है। इसके अलावा यह पश्चिमी घाट की कई सदियों पुरानी सन्तुलित परिस्थिति को भारी हानि पहुँचा सकता है। लेकिन राज्य सरकार इस परियोजना को किसी भी परिस्थिति में सम्पन्न करना चाहती थी। तत्कालीन प्रधानमन्त्री श्रीमती इन्दिरा गांधी ने इस विवाद में मध्यस्थता की और अन्ततः राज्य सरकार को इस परियोजना को स्थगित करना पड़ा, जो घाटी की परिस्थिति के सन्तुलन को बनाये रखने में मील का पत्थर साबित हुआ।

साइलेंट वैली राष्ट्रीय उद्यान उत्तरी केरल के पालक्काड ज़िले के मन्नारकाड से 40 कि.मी. की दूरी पर स्थित है। 90 वर्ग कि.मी. में फैला यह राष्ट्रीय उद्यान पालक्काड ज़िले के उत्तरी भाग में अवस्थित है। उत्तर में यह नीलगिरि पठार तक विस्तृत है और दक्षिण में मन्नारकाड के मैदान से ऊँचा है। इस वन क्षेत्र को सन् 1847 में एक ब्रिटिश वनस्पतिशास्त्री रॉबर्ट वाइट ने खोजा था। स्थानीय लोग इसे सैरन्ध्रीवनम कहते हैं। 'सैरन्ध्री' द्रौपदी का नाम है। कहते हैं कि अज्ञातवास के दौरान पाण्डव यहाँ आकर भी रहे। इसे साइलेंट वैली कहने के पीछे सबसे बड़ी वजह यहाँ की अजब प्राकृतिक शान्ति है। शायद सैरन्ध्री शब्द को बोलने में अंग्रेज़ों को दिक्कत थी, इसलिए उससे मिलता-जुलता नाम साइलेंट वैली मिला।

साइलेंट वैली का क्षेत्र केरल एवं तमिलनाडु के अन्तर्गत आता है। कुंती नदी नीलगिरि पर्वत की 2000 मीटर की ऊँचाई से उतरती है और घाटी में

गुज़रती हुई घने जंगलों वाले मैदानों से होकर आगे प्रवाहित होती है। कुंती नदी का रंग कभी भी मटमैला नहीं पड़ता। वर्ष भर बहने वाली इस बनैली नदी का जल हमेशा काँच के समान स्वच्छ बना रहता है। इन जंगलों से वाष्पीकरण-प्रस्वेदन किसी भी अन्य स्थान की तुलना में अधिक होता है। इस कारण यहाँ का वायुमंडल शीतल बना रहता है और जलवाष्प बड़ी आसानी से संघनित होकर मैदानों में ग्रीष्मकालीन वर्षा का कारण बनता है। साइलेंट वैली जलविद्युत परियोजना पर एक तकनीकी-आर्थिक और सामाजिक-राजनीतिक मूल्यांकन रिपोर्ट भी प्रकाशित की गयी। कवि व कार्यकर्ता श्रीमती सुगताकुमारी ने साइलेंट वैली परियोजना का विरोध किया और उनकी कविता "मरत्तिनु स्तुति" ने जन-जन के मन में प्रकृति और पेड़ के प्रति असीम श्रद्धा का भाव उत्पन्न करने में एक महत्त्वपूर्ण भूमिका निभाई। 'नालेक्कुवेंडि' (भविष्य के लिए) शीर्षक कविता में सुगताकुमारी ने पूरे मानव जाति के भविष्य के लिए, नयी पीढ़ी के लिए, हमारी माताओं के लिए एक पौधा उनके साथ लगाने का स्नेह निमन्त्रण दिया है। सेव द साइलेंट वैली अभियान की बैठकों में यह उद्घाटन गीत, प्रार्थना गीत तथा बौद्धिक समुदाय से विरोध के लिए एक प्रतीक भी बन गया। बॉम्बे नेचुरल हिस्ट्री सोसाइटी के प्रख्यात पक्षी वैज्ञानिक 'डॉ. सलीम अली' ने घाटी का दौरा किया और जलविद्युत परियोजना को रद्द करने की अपील की। उच्च न्यायालय के समक्ष रिट की एक याचिका दायर की गयी थी। केरल के जलविद्युत परियोजना क्षेत्र में जंगलों की कटाई के ख़िलाफ़ अदालत ने रोक लगाने का आदेश दिया। 1980 दिसम्बर में, केरल सरकार ने जलविद्युत परियोजना क्षेत्र को छोड़कर, साइलेंट वैली क्षेत्र को राष्ट्रीय उद्यान घोषित किया। 1982 में, प्रोफ़ेसर एम. जी. के. मेनन की अध्यक्षता और माधव गाडगिल और अन्य सदस्यों के साथ एक बहु-विषयक समिति बनायी गयी थी, जो यह तय करने के लिए बनायी गयी थी कि क्या जलविद्युत परियोजना बिना किसी महत्त्वपूर्ण पारिस्थितिक क्षति के सम्भव है। 1983 की शुरुआत में, प्रो. मेनन की रिपोर्ट के सावधानीपूर्वक अध्ययन के बाद, भारत के प्रधानमंत्री ने परियोजना को छोड़ने का फैसला किया। 7 सितम्बर 1985 को तत्कालीन प्रधानमंत्री राजीव गांधी ने साइलेंट वैली नेशनल पार्क का औपचारिक रूप से उद्घाटन किया।

साइलेंट वैली आन्दोलन की सफलता ने विकास के एक नये पैमाने को जन्म दिया, जिसने पर्यावरणीय सतर्कता मजबूत की व अमानवीय जगत के अधिकारों की नींव को हिला दिया। विशेषकर केरल में इस आन्दोलन ने जन-जागरूकता के प्रसार का काम किया कि विकास जो पर्यावरण को नुकसान पहुँचाता है, वह विकास लघु-कालीन है तथा यह भावी पीढ़ी के सामाजिक व आर्थिक जीवन को आघात पहुँचाएगा। प्रोफेसर एम. के. प्रसाद, जॉन सी. जेकब, प्रोफेसर एन. वी. कृष्ण वारीयर, प्रोफेसर के. के. नीलकंठन, पी. के. तम्पी, मँजेरी एस. प्रभाकरन नायर, सुगताकुमारी, 'द हिन्दू' के सम्पादक अच्युत वारीयर, प्रोफेसर माधव गड़गिल आदि इस आन्दोलन के मील के पत्थर के रूप में यादगार व्यक्तित्व हैं।

अप्पिको आन्दोलन

जिस तरह से 1974 में उत्तराखण्ड में चिपको आन्दोलन हुआ व पर्यावरण संरक्षण की पहल को सफल बनाया गया, उसी से प्रेरित होकर उसी के तर्ज पर दक्षिण भारत में चिपको आन्दोलन चलाया गया, जिसे दक्षिण भारत में 'अप्पिको' का नाम दिया गया, जिसका अर्थ होता है 'गले लगाना'। वनों और वृक्षों की रक्षा के सन्दर्भ में गढ़वाल हिमालयवासियों के 'चिपको' आन्दोलन का योगदान सर्वविदित है। इसने भारत के अन्य भागों में भी अपना प्रभाव दिखाया। उत्तर का यह चिपको आन्दोलन दक्षिण में 'अप्पिको' आन्दोलन के रूप में उभरकर सामने आया। 'अप्पिको' कन्नड़ भाषा का शब्द है, जो कन्नड़ में 'चिपको' का पर्याय है। पर्यावरण सम्बन्धी जागरूकता का यह आन्दोलन अगस्त 1983 में कर्नाटक के उत्तर कन्नड़ क्षेत्र में शुरू हुआ। यह आन्दोलन पूरे जोश से लगातार 38 दिन तक चलता रहा। युवा लोगों ने भी जब पाया कि उनके गाँवों के चारों ओर के जंगल धीरे-धीरे गायब होते जा रहे हैं, तो वे इस आन्दोलन में ज़ोर-शोर से लग गये। लोगों ने पाया कि कागज पर तो प्रति एकड़ दो पेड़ों की कटाई दिखायी जाती है, लेकिन असल में काफ़ी अधिक पेड़ काटे जाते हैं और कई क्षतिग्रस्त कर दिये जाते हैं, जिससे वनों का सफाया होता जा रहा है।

सितम्बर 1983 में सलकानी तथा निकट के गाँवों से युवा तथा महिलाओं ने पास के जंगलों तक 5 मील की यात्रा तय करके वहाँ के पेड़ों को गले

लगाया। उन्होंने राज्य के वन विभाग के आदेश से कट रहे पेड़ों की कटाई रुकवाई। लोगों ने हरे पेड़ों को कटाने पर प्रतिबन्ध की माँग की। उन्होंने अपनी आवाज़ बुलन्द कर कहा कि हम व्यापारिक प्रायोजनों के लिए पेड़ों को बिल्कुल भी नहीं कटने देंगे और पेड़ों पर चिपककर हठधर्मिता अपनाकर बोले कि पेड़ काटने हैं तो पहले हमारे ऊपर कुल्हाड़ी चलाओ। वे पेड़ों के लिए अपनी जान भी देने को तैयार हो गये। जंगल में लगातार 38 दिनों तक चले विरोध आन्दोलन ने सरकार को पेड़ों की कटाई रुकवाने का आदेश देने के लिए मजबूर किया। यह आन्दोलन इतना लोकप्रिय हो गया कि पेड़ काटने आये मज़दूर भी पेड़ों की कटाई छोड़कर चले गये।

अप्पिको आन्दोलन अपने तीन प्रमुख उद्देश्यों में सफल रहा–मौजूदा वन क्षेत्र का संरक्षण करना, खाली भूमि पर वृक्षारोपण करना तथा प्राकृतिक संसाधनों के संरक्षण को ध्यान में रखकर उनका सदुपयोग करना। इन उद्देश्यों को हासिल करने में स्थानीय स्तर पर स्थापित एक लोकप्रिय संगठन 'परिसर संरक्षण केन्द्र' ने महत्त्वपूर्ण भूमिका अदा की। इस आन्दोलन ने पश्चिमी घाट के सभी गाँवों में व्यापारिक हितों से उनकी आजीविका के साधन, जंगलों तथा पर्यावरण को होने वाले ख़तरे से सचेत किया। अप्पिको ने शान्तिपूर्ण तरीके से गांधीवादी मार्ग पर चलते हुए एक ऐसे पोषणकारी समाज के लिए लोगों का पथ प्रदर्शन किया, जिसमें न कोई मनुष्य का और न ही प्रकृति का शोषण कर सके।

नर्मदा बचाओ आन्दोलन

यह आन्दोलन नर्मदा नदी पर बन रहे बड़े-बड़े बाँध एवं जलविद्युत प्रोजेक्ट के द्वारा नर्मदा एवं प्रकृति के ऊपर पड़ रहे प्रभावों को रोकने के लिए किया गया। नर्मदा बचाओ आन्दोलन ने पर्यावरण तथा विकास के संघर्ष को राष्ट्रीय स्तर पर चर्चा का विषय बनाया, जिसमें न केवल विस्थापित लोगों बल्कि वैज्ञानिकों, ग़ैर-सरकारी संगठनों तथा आम जनता की भी भागीदारी रही। नर्मदा नदी पर सरदार सरोवर बाँध परियोजना का उद्घाटन 1961 में पण्डित जवाहरलाल नेहरू ने किया था। लेकिन तीन राज्यों–गुजरात, मध्य प्रदेश, महाराष्ट्र तथा राजस्थान के मध्य एक उपयुक्त जल वितरण नीति पर कोई

सहमति नहीं बन पायी। 1969 में, सरकार ने नर्मदा जल विवाद न्यायाधिकरण का गठन किया ताकि जल सम्बन्धी विवाद का हल करके परियोजना का कार्य शुरू किया जा सके। 1979 में न्यायाधिकरण सर्वसम्मति पर पहुँचा तथा नर्मदा घाटी परियोजना ने जन्म लिया, जिसमें नर्मदा नदी तथा उसकी 41 सहायक नदियों पर दो विशाल बाँध–गुजरात में सरदार सरोवर बाँध तथा मध्य प्रदेश में नर्मदा सागर बाँध, 28 मध्यम बाँध तथा 3000 जल परियोजनाओं का निर्माण शामिल था। 1985 में इस परियोजना के लिए विश्व बैंक ने 450 करोड़ डॉलर का क़र्ज़ देने की घोषणा की। सरकार के अनुसार इस परियोजना से मध्य प्रदेश, गुजरात तथा राजस्थान के सूखा ग्रस्त क्षेत्रों की 2.27 करोड़ हेक्टेयर भूमि को सिंचाई के लिए जल मिलेगा, बिजली का निर्माण होगा, पीने के लिए जल मिलेगा तथा क्षेत्र में बाढ़ को रोका जा सकेगा। नर्मदा परियोजना ने एक गम्भीर विवाद को जन्म दिया है। एक ओर इस परियोजना को समृद्धि तथा विकास का सूचक माना जा रहा है, जिसके परिणामस्वरूप सिंचाई, पेयजल की आपूर्ति, बाढ़ पर नियन्त्रण, रोजगार के नये अवसर, बिजली तथा सूखे से बचाव आदि लाभों को प्राप्त करने की बात की जा रही है, वहीं दूसरी ओर अनुमान है कि इससे तीन राज्यों की 37000 हेक्टेयर भूमि जलमग्न हो जायेगी, जिसमें 13000 हेक्टेयर वन भूमि है। यह भी अनुमान है कि इससे 248 गाँव के एक लाख से अधिक लोग विस्थापित होंगे, जिनमें 58 प्रतिशत लोग आदिवासी क्षेत्र के हैं। अतः प्रभावित गाँवों के करीब ढाई लाख लोगों के पुनर्वास का मुद्दा सबसे पहले स्थानीय कार्यकर्ताओं ने उठाया। इन गतिविधियों को एक आन्दोलन की शक्ल 1988-89 के दौरान मिली, जब स्थानीय स्वयंसेवी संगठनों ने खुद को नर्मदा बचाओ आन्दोलन के रूप में गठित किया। नर्मदा जल परियोजना पश्चिम भारत के चार प्रमुख राज्यों में फैली है। यह एक पर्यावरणीय आन्दोलन के विकास व विकास की राजनीति से जुड़े विभिन्न पहलुओं के अध्ययन का एक प्रमुख स्रोत है। किसी बड़ी परियोजना ने इस स्तर पर पारिस्थितिकीय-विकास की समस्या पर विमर्श, भावनात्मक शब्दावली, राजनीतिक लामबन्दी व मौलिक संघर्ष उत्पन्न नहीं किया, जैसा कि इस परियोजना से जुड़े विवाद के कारण सरकार व शासन के विभिन्न स्तरों में उत्पन्न हुआ और विभिन्न ग़ैर-सरकारी संस्थाओं के बीच के सम्बन्ध ने ज़मीनी स्तर के आन्दोलनों को अन्तर्राष्ट्रीय स्तरों से जोड़ा।

नर्मदा बचाओ आन्दोलन ने वर्तमान विकास के मॉडल पर प्रश्नचिन्ह लगाया है। यह आन्दोलन नर्मदा नदी के ऊपर बनायी जा रही बहुउद्देशीय बाँध परियोजना को रोकने के लिए चलाया गया। इस आन्दोलन का नेतृत्व मेधा पाटेकर, बाबा आमटे एवं अरुंधति रॉय द्वारा किया गया। यह आन्दोलन आदिवासियों, किसानों एवं पर्यावरण प्रेमियों के द्वारा चलाया गया।

गंगा बचाओ आन्दोलन

यह आन्दोलन गंगा में बढ़ रहे प्रदूषण को कम करने तथा उसे स्वच्छ रखने के लिए व्यापक तौर पर चलाया गया। इस आन्दोलन को मुख्य रूप से गंगा के प्रवाह क्षेत्रों उत्तर प्रदेश और बिहार में चलाया गया। इस आन्दोलन को मुख्य रूप से धार्मिक नेताओं, अध्यात्मवादियों, राजनीतिज्ञों, वैज्ञानिकों, पर्यावरणविदों द्वारा चलाया गया। गंगा को पवित्र रखने के लिए इस आन्दोलन में सरकार भी हर साल कई करोड़ खर्च कर रही है, फिर भी गंगा में प्रदूषण अब भी जारी है। मदन मोहन मालवीय ने 1905 में गंगा को बचाने के लिए कदम उठाये।

मैती आन्दोलन

मैती एक भावनात्मक पर्यावरण आन्दोलन है। यह उत्तराखण्ड में जीवविज्ञान के प्राध्यापक कल्याण सिंह रावत द्वारा चलाया गया। मैती आन्दोलन की शुरुआत 1994 में उत्तराखण्ड के चमोली जिले में कल्याण सिंह रावत द्वारा शादी-विवाह में जूता चोरी की रस्म में नेग की परम्परा को खत्म करते हुए दूल्हे के द्वारा लड़की के घर में एक पेड़ लगाने की रस्म की शुरुआत से हुई। उत्तराखण्ड में मायके को 'मैती' कहा जाता है, इसलिए इस आन्दोलन का नाम 'मैती आन्दोलन' हुआ। यह आन्दोलन और यह सुन्दर विचार धीरे-धीरे आसपास के राज्यों में फैला और एक विशाल आन्दोलन बनकर सामने आया। इस आन्दोलन की प्रेरणा कल्याण सिंह जी को चिपको आन्दोलन से मिली, जब सरकारी वृक्षारोपण अभियान विफल हो रहे थे। एक ही जगह पर पाँच-पाँच बार पेड़ लगाये जाते, पर उसका नतीजा शून्य होता। इतनी बार पेड़ लगाने के बावजूद पेड़ दिखायी नहीं पड़ रहे थे। इन हालात को देखते हुए मन में यह बात आयी कि जब तक हम लोगों को भावनात्मक रूप से सक्रिय नहीं

करेंगे, तब तक वृक्षारोपण जैसे कार्यक्रम सफल नहीं हो सकते। जब लोग भावनात्मक रूप से वृक्षारोपण से जुड़ेंगे तो पेड़ लगाने के बाद उसके चारों ओर दीवार या बाड़ लगाने की ज़रूरत नहीं पड़ेगी। लोग खुद ही उसकी सुरक्षा करेंगे। इस तरह मैती की शुरुआत हुई।

जंगल बचाओ आन्दोलन

इस आन्दोलन की शुरुआत बिहार से हुई। 1980 के समय में बिहार की धरती से शुरू हुआ यह आन्दोलन झारखण्ड, ओडिशा के क्षेत्रों तक फैला। सरकार द्वारा जंगल की कटाई करने की एक योजना बनायी गयी, जिसके तहत जंगलों को काटकर नये सागौन के वृक्षों को लगाने की नीति थी, जिसका विरोध बिहार के सिंहभूम जिले के आदिवासियों द्वारा शुरू किया गया। इस विरोध के कारण जंगलों को बचाया गया। भूमि, जंगल और पानी के लिए सिंहभूम जिले का जंगल आन्दोलन, झारखण्ड आन्दोलन के सामाजिक-आर्थिक पहलुओं पर अधिकार और संघर्ष का हिस्सा है। 'सखुआ' वृक्ष का जनजातीय समुदाय के लिए विशेष धार्मिक एवं सांस्कृतिक महत्त्व है। अत: इस वृक्ष की कटाई का विरोध स्वाभाविक था। इसी विरोध ने आन्दोलन का एक रूप ले लिया। इस आन्दोलन के परिणामस्वरूप वन अधिकार क़ानून 18 दिसम्बर 2006 को पारित किया गया और 2007 से प्रभाव में आया। यह क़ानून जनजातीय समुदाय के जंगलों पर अधिकार के लिए एक लम्बे संघर्ष का परिणाम है।

भारत में पर्यावरण संरक्षण की बात कोई नयी नहीं है। पर्यावरण के प्रति जागरूकता, सजगता और प्रेम भारत में आदिकाल से ही देखने को मिला है। पर्यावरण से लगाव भारतीयों के मन में पौराणिक काल से ही संवेदनशीलता का विषय रहा है। हमारे मनीषियों द्वारा पर्यावरण को आध्यात्मिक और वैज्ञानिक दोनों रूपों से आत्मसात किया गया था और उन्होंने ही इसका प्रचार भी किया है, क्योंकि पर्यावरण और प्रकृति के साथ लापरवाही पूरे जीवमंडल के लिए विनाश पैदा कर सकती है। पर्यावरण और प्रकृति की बात पुराण, उपनिषद, श्रीमद्भगवद्गीता, महाभारत, रामायण आदि अतिप्राचीन ग्रन्थों में ख़ूब मिलती है। पर्यावरण के तत्त्वों–जल, पृथ्वी, अग्नि, वायु, आकाश, वनस्पति आदि के प्रति वेदों-पुराणों में बड़ी श्रद्धा व संवेदना देखने को मिलती है। पर्यावरण को स्वस्थ रखने के लिए चाहे यज्ञ-हवन हो या पौधा लगाना, उनकी सुरक्षा हो या

प्रकृति की पूजा, हमारे ऋषि-मुनियों के साथ-साथ आम जनसमूह ने भी इसे ख़ूब सम्मान दिया है। परन्तु आज औद्योगिक और आर्थिक विकास की अंधी दौड़ में, इस गलाकाट प्रतिस्पर्धा की परिस्थिति में वनों में बसे जीवों, प्राकृतिक स्रोतों एवं जैव विविधता का बहुत ह्रास हो रहा है। प्राकृतिक संसाधनों का न तो विवेकपूर्ण ढंग से उपयोग हो रहा है, न ही उन्हें भविष्य के लिए बचाया जा रहा है। इन सभी कमियों के बीच में प्राकृतिक संसाधनों और वनों को बचाने के लिए कई आन्दोलन हमारे देश में हुए हैं, जिन्होंने अपनी जागरूकता और सजगता से पर्यावरण को संरक्षण प्रदान किया।

आधार स्त्रोत

विकिपीडिया.कॉम
विकासपीडिया.कॉम
गूगल